AF458053

NOUVEAU TABLEAU

SPECULATIF

DE L'EUROPE

PAR

LE GÉNÉRAL DUMOURIEZ.

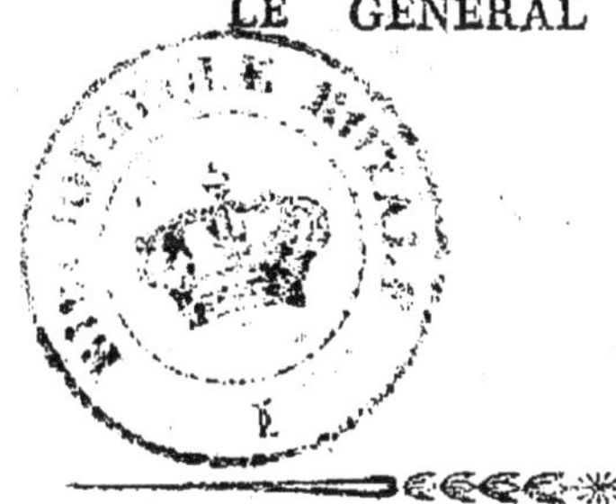

Septembre 1798.

Eruit, edificat, mutat quadrata rotondis.

HOR.

Imit. { De nos projets, le sort se rit et les confond;
Il démolit, bâtit, d'un carré fait un rond.

Avertissement.

La première édition du *Tableau spéculatif de l'Europe* a eu un grand succès; elle a produit une sensation rapide, et presque universelle: mais cette sensation n'a pas été profonde. 1°. Par ce que ce livre a pu être rangé dans la classe des brochures, qui excitent, ordinairement, plus de curiosité que d'intérêt. 2°. Par ce que très peu de Souverains, ou de gouvernants, sous quelque titre que ce soit, ont eu le tems de le lire, ou la volonté de s'y appliquer. 3°. Par ce que les assertions qu'il renfermait contrariaient les principes politiques, ou les plans de la plupart des cabinets: que, par conséquent, il a été lu, par eux, avec une prévention désagréable; et même avec le desir de le critiquer, et d'y trouver de l'exagération; chacun a vu la paille dans l'oeil de son voisin.

Les événemens arrivés depuis, coup-sur-coup, ont vérifié les prédictions qu'alors on avait hazardées. Le zèle indiscret des missionnaires désorganisateurs, joint aux pirateries, aux nouvelles conquêtes, à la dévastation des Républiques *fraternisées*, au ton menaçant, et impératif des négociations du Directoire, ont, enfin, fait tomber les poutres, et les pailles des yeux les plus fascinés.

La France, seule, a paru reconnaître le grand intérêt de cet ouvrage. Son Gouvernement, très olygarchique, plus intolérant que tout autre contre la vérité qui le démasque, a pris tous les moyens imaginables pour en empêcher l'indroduction en France, et en Hollande, ce qui n'a produit qu'une plus grande publicité. La seconde édition aura le même succès, par ce qu'elle éprouvera la même proscription.

On s'est mépris sur le but de cet ouvrage, si on l'a regardé comme agitateur: il est, au contraire, purement Philantropique. Que chaque état, au quel il présente ses vrais intérets, et ses dangers réels, fasse, à peu près, ce qui y est indiqué, surtout la France, la paix générale la plus prompte, et la plus raisonable en sera le fruit; et l'univers sera tranquille. Que l'Europe se ligue pour faire faire la paix, sur des bases équitables, et solides, si la France persiste à s'y refuser. Il en résultera, peut-être, une guerre vive, mais courte. Les français, déjà fatigués de conquêtes injustes, se lasseront du rôle terrible qu'on leur fait jouer; et sacrifieront leur ambitieux Directoire, à leur propre félicité, et à la tranquillité des autres peuples.

On conseille à la Nation allemande, dans tout les cours de cet ouvrage, de se réunir, contre un Gouvernement, le fléau de tous les autres, mais non pas contre la Nation française; victime, elle-même, de ses triomphes, à la quelle on conseille, pareillement, de renoncer aux projets désorganisateurs de ses *Pentarques*. Si elle continue à protéger leurs excès, elle perpétuera la guerre, par sa faute; car une paix injuste, inégale, dictée avec autant de dureté, dans un Congrès, environné par les troupes françaises, où l'opprobre est joint à la ruine d'une constitution antique, ne peut pas durer.

Les conditions de cette paix sont inacceptables. Elle démembre l'Allemagne, et anéantit le contrat social: La Nation n'a donc que le choix entre deux calamités terribles; il s'agit de calculer quelle est la moins funeste, la moins irremédiable. L'honneur de ses souverains doit entrer aussi dans ce calcul; car leur existence tient, plus que jamais, à leur dignité, et à leur énergie. Leur sureté, identifiée à celle des peuples, qui n'ont pas encore éprouvé les ravages d'une démocratie effrénée, exige qu'ils se montrent unis, forts, et inflexibles devant un peuple, qui les menace tous, également.

Si les allemands sont forcés de recourir aux armes, la guerre dévastera encore les contrées voisines du Rhin; mais les conquérants ne peuvent s'y maintenir, contre un effort général: ils ne peuvent pas, non plus, emporter la glébe, en se retirant: cette contrée restera; et, au bout de quelques années de paix elle redeviendra florissante. La guerre barbare de trente ans, qui avait dévasté l'Allemagne entière; le cruel incendie du Palatinat, exécuté par les ordres du féroce *Louvois;* la guerre acharnée entre les maisons d'Autriche et de Prusse, ont fait beaucoup de mal local; cependant tout était oublié, tout était réparé; il n'en restait aucune trace, lorsque la guerre actuelle a commencé. Les allemands sont ils assez dégénérés pour être convaincus qu'ils ne peuvent résister aux français? en ce cas, qui leur garantira la durée de la paix, dictée par des vainqueurs insatiables?

Il y a des ressources dans les hazards d'une guerre, absolument nécessaire, lorsqu'une Nation nombreuse la pousse, avec l'énergie du désespoir: l'histoire en présente des exemples fréquents; il n'y en a aucune dans une paix avilissante, qui augmente, hors de toute proportion, les avantages du peuple qui la dicte.

Si la paix est signée à Rastadt, à la vérité, les malheureux habitans de la rive gauche du Rhin répugneront, extrèmement, à être soumis à la démocratie française; son joug leur parait, de jour en jour plus pesant, ils ne pourront s'accoutumer ni aux usages, ni à l'immoralité de *la grande Nation:* ils seront, long-tems, mauvais français: mais leur sort aura été décidé, irrévocablement, par leurs compatriotes de la droite du Rhin. Ils ne pourront pas se soulever, par ce que tous les hommes, en état de porter les armes, seront mis en réquisition, éloignés de leurs foyers, exportés dans les parties opposées de ce vaste Empire, où ils serviront d'otages, pour assurer la soumission de leurs parents, et compatriotes.

Ils seront donc, irrévocablement, séparés, pour toujours, du corps de l'Empire, dont les sécularisations, les indemnités, les partages, déchireront le reste. Le Directoire français regarde si bien le corps germanique comme un cadavre, que c'est sur lui qu'il assigne l'indemnité du Grand-maître de Malte, après l'avoir chassé de son rocher.

Voilà ce que la vraie philantropie, sans acception d'aucun intérêt national, ou particulier, a dû, dans un ouvrage, de cette espéce, représenter à la Nation allemande; ou, plutôt aux divers peuples, qui habitent cette grande contrée. Tous les chapitres qui regardent les autres Nations sont traités, avec le même intérêt pour chacune, la même vérité, la même impartialité. Tous les peuples sont frères, et égaux. Celui qui s'érige en Despote doit être désigné aux autres, pour qu'ils réunissent leurs forces, et enchaînent la sienne, dont il abuse.

Il est très aisé de justifier ce *tableau spéculatif* du reproche de partialité contre la France. Quelqu'indignation que l'homme sage, de quelque nation qu'il soit, ressente nécessairemont, contre les excès anarchiques, et dévastateurs des *Pentarques* français, le plus vif intérêt régne, dans tout l'ouvrage, sur ce peuple égaré, mais essentiellement bon; s*r ses armées, animées d'une exaltation héroïque, dont ont abuse, pour les rendre le fléau de l'humanité.

Cet ouvrage rend, fréquement, hommage aux grandes qualités, aux talents, à la gloire militaire des français; il les sépare toujours de leurs ambitieux, et criminels conducteurs. Il anticipe sur un àvenir, peut être très rapprohé, pour annoncer qu'ils reprendront les vertus pacifiques, l'ordre, la justice, l'économie, la religion, les moeurs, l'horreur des crimes, dont leurs fastes sont souillés, depuis les *Marat, Robespierre*, et autres monstres, qui les ont tirannisés, au nom de la liberté.

Cet ouvrage n'a pas d'autre but. Si les passions sont encore trop fougeuses pour qu'il fasse tout son effet; si l'intéret des *Pentarques* français fait, à présent, regarder ce *tableau spéculatif* comme digne de proscription, et son auteur comme criminel d'Etat; un jour l'un et l'autre seront justifiés aux yeux des français, et ce livre que les *Pentarques* dénoncent, sans doute, comme le tocsin de la guerre, deviendra la voix de la justice, et de l'humanité.

Tel est le but de cet ouvrage: il est destiné à tous les souverains, et les administrateurs des différens états de l'Europe, qui ont besoin de l'union, de la justice, de l'énergie, pour s'opposer, tous ensemble, aux progrès de l'anarchie, qui menace de les dévorer. *Montesquieu* dit — » qu'il vaut mieux courrir le risque d'une guerre malheureuse, que de donner de l'argent, pour avoir la paix. " — à plus force raison des contrées entières, qui rapprochent le danger.

Il est destiné, sur tout, à la nation française, pour la ramener à ses principes constitutionels; et à ceux qui la gouvernent, pour leur inspirer de la modération; s'ils sont susceptibles de se corriger, ce qu'on n'ose pas espérer; car les succès les ont ennivrés, l'orgueil les aveugle: ils ont besoin de la guerre, parce qu'ils craignent les armées; ils ont l'hydropisie des envahissemens, parce qu'ils ont toujours besoin de remplir, par leurs rapines, le trésor public, qu'ils épuisent toujours, par leur mauvaise économie. *Montesquieu* leur dit — »que, plus un Etat menace d'être conquérant, plus il est près de la guerre civile, plus il doit la craindre."

On peut faire encore un autre reproche à cet ouvrage, c'est qu'étant composé, à différentes époques, quelques uns des chapitres semblent être arriérés, en les comparant avec le corps de l'ouvrage au quel on a donné une époque précise, celle de la fin du mois de Septembre. Cette variété, qu'on ne peut éviter dans un livre de ce genre, lui donne un air, non pas de contradiction, mais de contraste, qui le rend moins méthodique qu'on ne l'eût desiré. Ce n'est que, lorsqu'une paix universelle aura fait cesser les convulsions des peuples, qu'on pourra corriger ce léger défaut; parce qu'alors on pourra asseoir les spéculations futures sur des bases fixes.

Tàchons de rassembler, en peu de mots, le tableau funeste que présente la fin du mois de Septembre, époque de la terminaison de cet ouvrage. Les événémens les plus terribles s'accumulent, rapidement, sur la nation française, et lui préparent un enchaînement de calamités, dont elle ne peut se préserver, qu'en se hâtant de changer, elle même, son gouvernement destructeur.

L'amiral *Nelson*, au commencement d'Aoust, a détruit, entièrement, la flotte de Toulon: *Buonaparte* est perdu, sans ressource. Les compagnons de ses triomphes précédeus, et de son infortune présente seront détruits par la famine, les maladies, ou le fer des musulmans.

L'isle de Malte, bloquée, par les Anglais, du côté de la Sicile, ne pourra plus tirer des côtes de Barbarie, dont les Régences vont être entraînées, par la déclaration de guerre de la Porte contre la France. Elle deviendra, peut-être, la proie de l'escadre Russe, sortie des ports de Crimée; ou elle sera rendue au Roi de Naples. Corfou, la Corse même, échapperont encore à la France, qui, il y a six mois, avait la domination de la Méditerranée, qu'elle conserverait encore, si son Directoire n'avait pas sacrifié sa flotte, et ses troupes, à une expédition folle, et injuste.

Une poignée de soldats que le Directoise a envoyé en Irlande, six mois trop tard, s'est rendue à discrétion. Un autre petit corps, qui part de Brest, sur un vaisseau de ligne, et huit frégates, aura le même sort.

Les victimes de *Rewbel*, *La Réveillère*, et *Barras*, déportés à Cayenne, le sage *Barthelemi*, les braves *Pichegru* et *Villot*, et plusieurs autres sons échappés de leur cruelle captivité, et seront un jour, rappelés dans leur patrie; cet événement, inattendu inquiette plus les farouches *Pentarques* que la perte des hommes et des vaisseaux, par ce qu'il leur et personnel.

Une armée Russe est en marche, pour se joindre aux impérianx, et son approche mettra fin aux interminables négotiations de Rastadt.

La guerre contre les Américains est presque inévitable, car on ne peut pas leur restituer les chargemens de leurs vaisseaux, qu'on a dissipés, consumés, vendus, et l'argent manque, pour les indemniser.

L'italie est en feu; ses Républiques esclaves n'ont aucune solidité. Le Roi de Naples est armé, et sur le point d'aller délivrer Rome de son anarchie démocratique, pour éviter l'entrée d'une armée révolutionnaire, qui s'assemble sur la frontière de ses états.

En Suisse on vient de répandre le sang des derniérs défenseurs de la liberté helvetique; et les esclaves qui, dans Arau, croient représenter cette brave nation, se sont réjouis de ce massacre, avec l'exécuteur de leurs vengeances: ce sont là les premiers fruits de l'alliance.

Français! vous laisserez vous encore tromper par les messages imposteurs et ridicules de vos téméraires directeurs? croirez-vous encore, que c'est pour rendre service aux Turcs, vos anciens et fidéles alliés, qu'ils ont prétendu s'emparer d'une province de leur empire, et la municipaliser? applaudirez-vous encore à leur extravagant manifeste, contre les Beys d'Egypte, et à la proclamation vile et apostatique de leur général ; proclamation plus digne d'un chef de *faquirs*, que d'un général français ?

Voyez votre commerce de Marseille, le seul qui vous restait, détruit, ainsi que vos menufactures de Lyon, Tarascon, et autres, dont il était débouché ! voyez le port de Toulon, et ses arcenaux vides ; où l'on n'entend plus que les gémissemens des veuves et des orphelins ! Voyez tous vos matelots de la méditerranée, et l'élite de vos troupes, et de vos généraux, péris misérablement ! Voyez que le même sort attend ceux de vos ports de l'Océan, et de la Manche ! Voyez la Rivière de Bordeaux sans vaisseaux ; cette ville, réduite à un tiers de son ancienne population, ainsi que Nantes, Rouen, le Havre ! Voyez toute l'Europe indignée contre la politque hautaine, insidieuse, versatile, désorganisatrice, dévastatrice, de vos Directeurs ! Voyez une conscription militaire, de deux cent mille hommes, ordonnée, pour soutenir l'injuste ambition de vos despotes, détruisant la source de votre population ! Voyez vos finanses épuisées, des impots de tout genre prets à fondre sur vous, pour soutenir, dans tout l'univers, une guerre injuste, que votre gouvernement pouvait terminer, honorablement, il y a un an. Tels sont les fruits amers de votre funeste démocratie, qui ne peut, jamais, produire qu'une anarchie hideuse, ou une olygarchie tirannique.

Français, vos calamités augmentent, de jour, en jour ; vous avez montré tant d'énergie, dans le cours de votre révolution, en manquerez-vous, lorsqu'il s'agit de la terminer ? craignez-vous encore vos armées, que vos directeurs ont pu faire agir, à leur gré, tant qu'ils ont eu de l'argent, qu'ils craignent, eux-mêmes, qu'ils sacrifient, par parcelles ; et qui doivent être aussi désespérées que vous d'être le jouet et les victimes de l'intérêt personnel de l'ambition, et de l'avarice.

Reprenez votre énergie ; dites un mot, et vos tirans rentreront dans le néant ; la paix renaitra ; et vous rendrez à votre Patrie, le bonheur, et la vraie liberté, entièrement opposée à celle qui vous déchire.

DISCOURS PRELIMINAIRE.

L'Histoire de plusieurs siécles réunis ne présente pas un exemple d'événements aussi extraordinaires, et aussi importans pour l'humanité que ceux qui donnent lieu à ce tableau spéculatif. Le sort des nations a été décidé, en 1797, par un seul homme, et en un clin d'œil.

Les hommes extraordinaires sont lancés au travers des siécles comme des Cométes. L'Astronomie ni la politique ne peuvent calculer l'influence des uns ni des autres. On prend leur marche excentrique pour des aberrations, jusqu'à ce que les grands effets de ces phénomènes prouvent que leur apparition est arrangée d'avance par la Providence, dont les décrets sont aussi absolus qu'incompréhensibles.

Avant que le traité préliminaire de Léoben fût signé, Buonaparte pouvait, malgré son génie héroïque, être enfermé et affamé dans les montagnes de la Styrie, coupé d'avec l'Italie, et forcé d'en recommencer la conquête, s'il parvenait à y rentrer, en passant sur le corps des Autrichiens et des Vénitiens réunis. Le courage et les talents de ce Général extraordinaire n'auraient pas suffi pour le tirer de cette terrible crise, si l'heureux destin de la France n'avait pas suscité, dans le Cabinet de Vienne, une terreur salutaire qui a forcé l'Empereur à faire une paix précipitée, lorsqu'un retard de quinze jours auroit indubitablement changé la face de ses affaires.

La retraite du courageux Archiduc Charles dans une position inforçable sur le Danube, d'où il protégeait efficacement la ville de Vienne, les dispositions défensives de cette capitale, habilement arrangées par le Général Mack, mettaient en sûreté cette ville importante contre les attaques de Buonaparte.

Ce Général menacé par ses deux flancs, par le corps d'armée du Tyrol sur sa gauche, par l'armée d'Insurrection de la Hongrie sur sa droite, se trouvait sans vivres, sans argent, à près de quatrevingt lieues d'Italie, dont la communication lui était coupée par la prise de Trieste, et par le soulévement géné-

ral de la République de Venise, dont elle a été punie par les Autrichiens.

L'Armée vénitienne s'était emparée de Vérone, dont les châteaux seuls étaient occupés par un petit corps de troupes Françaises qui allait être forcé de se rendre au Général Laudon. Celui-ci s'était déjà rendu du Tyrol dans cette ville, où il avait joint les Vénitiens, lorsqu'il reçut l'ordre, aussi funeste qu'imprévu, de cesser toute hostilité, et de se retirer dans le Tyrol.

A la vérité, les Généraux Autrichiens avaient si mal défendu le passage de la Lahn et du haut-Rhin contre les Français, qu'on pouvait présumer que ceux-ci avanceraient aussi rapidement que l'année précédente, et que bientôt ils reporteraient la guerre dans le haut-Palatinat et dans la Bavière.

Mais en ce cas même, les positions que les Généraux Werneck et la Tour auraient prises dans leur retraite, en concentrant la guerre, auraient donné plus d'ensemble et de forces réunies à l'Archiduc Charles, pour soutenir cette attaque, d'autant plus dangereuse pour les Français, qu'ils se seraient trop éloignés de leurs frontières, et auraient laissé, comme l'année précédente, quatre places fortes entr'eux et les secours, ou les points de retraite, en cas de mauvais succès.

La retraite des Autrichiens des bords du Rhin jusqu'au Danube pouvait se faire lentement, et en chicannant le terrain; et quelque promptitude que les Français missent dans leur marche, depuis le Rhin jusqu'en Bavière et aux frontières de la Bohême, il leur fallait plus d'un mois pour arriver à portée de concerter leurs opérations avec Buonaparte. Ce Général ne pouvait pas attendre aussi long-tems, sans être forcé de prendre le parti, ou de se retirer en Italie, pour étouffer l'insurrection des Vénitiens, ou d'attaquer, en désespéré, Vienne et l'Archiduc.

L'Arciduc pouvait refuser le hasard d'une bataille, s'il ne voulait pas exposer le sort de la Maison d'Autriche au choc d'un désespéré. Quant à Vienne, cette place défendue par une armée de plus de trente mille hommes, et par l'habile Général Mack, soutenue par le voisinage de l'armée de l'Archiduc Charles, ne pouvait pas être enlevée subitement par Buonaparte, sans artillerie de siége, sans vivres, sans argent, avec une armée harassée et affaiblie, cernée de tous les côtés, et dont les communications étaient totalement coupées avec l'Italie, d'ont il devait tirer ses vivres et ses munitions.

1°. *S'il attaquait cette capitale de vive force, c'était un coup de désespoir qui devait entraîner, selon toutes les probabilités, sa ruine totale. S'il avait-même réussi à y entrer, il aurait certainement fait beaucoup mal, mais il y aurait été bientôt accablé par l'armée fraîche de l'Archiduc Charles.*

2°. *Il ne pouvait pas tenter de faire sa retraite par la Bavière, pour se réunir au Général Moreau, parce qu'il en était séparé par les montagnes de l'Archevèché de Saltzbourg, occupées en force par les Impériaux, que l'Archiduc pouvait renforcer encore, ainsi que la Division qui défendait le Tyrol.*

3°. *S'il voulait faire sa retraite sur l'Italie, il pouvait être prévenu par le Général Laudon et les Vénitiens à Ponteba, et aux autres défilés de la Carinthie, tourné sur sa droite par l'armée hongroise, et alors poursuivi très-chaudement par l'armée chargée de la défense de Vienne. Sa retraite même lui eût fait perdre la confiance des peuples de l'Italie, encore mal assurés en révolution, et peut-être toutes les troupes Françaises eussent-elles été massacrées par ces mêmes peuples, qu'il avait rendu libres, et qu'il avait armés.*

Il fallait cependant qu'il prît un de ces trois partis avant huit jours, ne pouvant pas rester plus long-tems dans la même position, dont il n'avait qu'un moyen de se tirer; moyen qu'il a saisi avec une habileté qui lui fait autant d'honneur, au moins que les brillans exploits militaires qui l'avaient engagé dans une situation aussi critique. C'était de profiter de la consternation de la cour de Vienne, de lui présenter l'appât irrésistible d'un grand intérêt, et de négocier assez avantageusement pour elle, pour l'engager subitement à la paix.

Jamais armée Française n'a été plus près des Fourches Caudines; *jamais Général ne s'en est dégagé avec plus d'adresse. Les avantages que Buonaparte a accordés à l'Empereur dans la négociation de Léoben ont été proportionés à la grandeur de son danger, et en sont la preuve; ils ont été couverts du voile du mystère. Les circonstances qui ont suivi ce traité préliminaire, les ont rendu depuis encore plus considérables des deux côtés.*

Ne cherchons point, dans ces transactions, les principes de morale et de justice universelle, si pompeusement étalés dans les bases de la Constitution du peuple républicain Français, et dans les proclamations emphatique des Cours. La probité de Rois et des peuples n'est point celle des particuliers: leur politique n'a jamais changé, et ne changera jamais.

L'antique, faible et malheureuse république de Venise a été la victime de la vengeance, juste ou non, des Français, et de l'intérêt de la Cour de Vienne. Son arrêt de mort a été prononcé à Campo-Formio. La Dalmatie, plusieurs provinces de Terre, ferme, Venise même, sont devenues une avantageuse indemnité pour le Milanès, les Pays-bas, et l'Autriche antérieure.

La cession de cette dernière province au Duc de Modene laisse même l'éventualité certaine de sa réintégration, à titre d'héritage, à la Maison d'Autriche, à moins que la France, attentive à éloigner d'elle un aussi grand voisin, n'ait arrangé quelque article secret, pour que cette province ne rentre plus dans ses mains.

L'héritage du Duc de Modène revient à la Princesse de Conti. Tous les biens de la Maison de Bourbon sont confisqués, et appartiennent à la République Française : donc la succession de Modène revient à la République Française. Cette jurisprudence est digne du siécle où nous vivons ; ou plutôt elle a existé de tout tems ; car c'est ainsi que la République de Venise avait acquis jadis le royaume de Chipre.

Tout est mystère dans une négociation, où les Puissances contractantes se sont réciproquement indemnisées aux dépens d'autrui. L'Empire a ouvert le Congrès de Rastadt, sans sçavoir ce qui a été arrangé pour ou contre lui. Les différents Etats, composant le Corps-Germanique, se confiant aux proclamations réitérées du Chef de l'Empire, ont envoyé à ce Congrès leurs Députés, avec des pleins pouvoirs fondés sur la conservation de l'intégrité de l'Empire.

Mais bientôt les Français ont levé une partie du voile qui couvrait le mystère de leurs négociations. L'évacuation de Mayence par les Impériaux, précisément au moment où les Français se trouvaient à portée de s'en saisir, sans donner le tems à l'Empire, ou au Souverain particulier d'y jeter une garnison et de l'artillerie, pour conserver cette clef de l'Allemagne, au moins jusqu'à ce que la paix qui se traite à Rastadt eût décidé du sort de cette ville, a prouvé clairement que cette cession était assurée d'avance par l'Empereur.

Toute la partie de l'Empire à la gauche du Rhin paraît aussi faire certainement partie de cette cession, puisque les Français, sans attendre le résulsat du Congrès de Rastadt, et sans éprouver aucune réclamation, se pressent de partager cette belle conquête en départemens et en municipalités, comme les autres contrées de la grande République.

La retraite des armées de l'Empereur vers ses Etats héréditaires a encore découvert un autre mistère des négociations de Campo-Formio. L'Archevêché de Saltzbourg et une partie de la succession Bavaroise paraissent encore être la récompense de la cession, non contestée, et même facilitée, de Mayence et de toute la rive gauche du Rhin, comme la Dalmatie et l'Etat de Venise sont celle de la reconnaissance de la Ré-

publique Cisalpine; et forment l'indemnité de l'Autriche antérieure, et des pays-bas Autrichiens.

Cette grande négociation, qui change le sort, les intérêts, et sur-tout l'opinion de l'Europe, cache encore d'autres mystères, que le résultat du Congrès de Rastadt va mettre au jour. Quoiqu'il n'y ait que le Traité de Campo-Formio de connu, quoique l'Empereur soit le seul négociateur apparent avec la République Française, il est d'autres puissances qui doivent, comme lui, être indemnisées, et récompensées.

L'Empire est-là comme un mêts propre à assouvir l'avidité de plusieurs convives affamés. On va le découper, et en donner un morceau à chacun, selon sa taille et son appétit. N'anticipons point les détails de ce repas politique. Bientôt on verra de nouveaux partages géographiques, qui changeront l'étendue, la force, les intérêts, les prétensions, les causes d'alliances et d'inimitiés des Souverainetés qui constitueront la République Européenne, à la fin de ce siécle.

Examinons avec rapidité l'influence probale de cette révolution territoriale et ses conséquences pour les Souverainetés, qui n'auront pas encore été fauchées par la révolutiou morale et politique.

Deux événements, qui se présentent à la spéculation, aideront à développer encore sous peu, d'autres mystères de la politique des conquérants, et de ceux qui, craignant de s'opposer à leurs progrès, cherchent à glaner après eux. Le premier est l'incorporation de l'Evêché de Bâle à la République Française, la protection accordée aux révolutionnaires du Pays de Vaud, et le révolutionnement général de la Ligue Helvétique.

Le second est la guerre déclarée, de fait, par la République Cisalpine au Gouvernement Pontifical, et la sortie de Rome de l'Ambassadeur Buonaparte, à la suite de l'émeute populaire, et de la mort funeste du Général Duphot. Ce fait, raconté contradictoirement par les deux partis, ne peut pas être jugé de loin. Mais quelqu'en soit la cause, le Directoire Français en a ordonné la vengeance, et en a chargé son armée d'Italie.

Il ne néglige pas non plus l'intérêt. Des Commissaires sont sur le champ partis pour aller pendre à Rome le reste des monuments précieux de l'Antiquité, et sans doute la riche argenterie de l'Eglise. L'Armée Française va battre monnoie dans l'Eglise S. Pierre, pour aider à combattre les hérétiques Anglais.

On placera, dans ce tableau spéculatif les événements, au Chapître de chacun des Pays dont on examinera la situation politique, résultante du changement que la révolution française a produit en Europe, et des influences inévitables de cette grande catastophe.

Tous les livres de droit public, tous les traités, toutes les bases de la politique, et de ce qu'on apellait, très-improprement, la balance de l'Europe, sont devenus des objets de pure curiosité, qui ne méritent plus d'être étudiés et consultés, et qu'on peut désormais ensevelir dans les grandes bibliothéques.

La tranquillité du Nord avait pour base le traité d'Oliva de 1660. En 1770, le grand Frédéric et la célèbre Catherine II. ont créé pour la Pologne un systême de partage, auquel l'Autriche a été forcée d'accéder. Le traité d'Oliva a été annullé par cette politique neuve, facile et tranchante, et la Pologne a été envahie.

La tranquillité du reste de l'Europe avait pour base le traité de Westphalie de 1648. Le traité de Vienne de 1756, qui a uni les intérêts de la Maison d'Autriche avec celle de Bourbon, a détruit ce fondement de la sureté des possessions de l'Europe, a soumis la France à la politique de Vienne, l'a engagée dans des guerres dispendieuses, funestes, et, de conséquences en conséquences, a amené la révolution française.

La tranquillité des mers et des colonies des Européens avait pour base le traité d'Utrecht de 1713. La révolte des Américains, l'alliance de Louis XVI avec eux, a créé un nouveau peuple indépendant, a inoculé en France le germe révolutionnaire, a ébranlé la sureté du commerce et des Colonies, dont la ruine vient d'être achevée par la philantropie, très-juste en principe, mais très-mal entendue et encore plus mal appliquée par les législateurs français.

Voilà donc toutes les bases de la tranquillité, de la sûreté, de la propriété des nations renversées. La grande révolution, commencée en France en 1789, a perfectionné ce cahos. Si les Puissances Etrangères avaient pu rester simples spectatrices de ce grand évènement, il n'aurait agi que sur la nation française seule; ces conséquences eussent été très-lentes; son influence sur le reste de l'Europe eût été presqu'insensible, et n'eût pu être que bienfaisante, parce qu'elle n'eût été accompagnée, ni de crimes, ni de désordres, ni de massacres, ni d'excès d'opinions.

Mais le systême de partage a amené la guerre, et ce systême devient le grand moyen de faire la paix, parce que les Français, ayant eu le funeste bonheur de toujours vaincre, sont devenus conquérants, et oubliant les principes sur lesquels ils ont basé leur constitution. ont adopté le systême de partage politique, à la mode en Europe depuis 1772.

L'exemple leur en a été donné par les Chefs des nations qui crient le plus contre la politique envahissante des nouveaux républicains. Le feu Roi de Prusse n'a cessé de se battre contre les Français, que pour aller completer, avec l'Autriche et la Russie, le partage de la Pologne, et la nation Sarmate est effacée des annales du monde, non pas cependant sans espoir de renaître. Des vengeurs de la liberté Polonaise se forment dans les armées des trois Puissanses co-partageantes et sur-tout dans celle du célèbre Buonaparte. *On peut prévoir cet événement, sans qu'il soit posible d'en pressentir encore l'époque: mais elle n'est pas éloignée, si le génie révolutionaire continue à marcher à pas de géant. Jusqu'à ce que cela arrive, il faut, dans ce tableau spéculatif, laisser à part ce peuple, qui ne peut plus figurer parmi les nations de l'Europe.*

Cinq mois écoulés depuis la première édition de ce Tableau Spéculatif ont vérifié les calculs de probabilité concernant tous ceux des Peuples qui ont été en jeu pendant ce court période. Buonaparte *va encore décider en un clin d'œil le sort des nations; s'il réussit dans sa mistérieuse expédition, sur-tout si elle ne l'écarte pas de son bût, (la descente en Angleterre) la paix continentale sera faite aussitôt, et les Anglais fineront par être forcés à acheter très-cher leur salut. Si les Éléments, ou les Anglais, détruisent les vastes projets de* Buonaparte, *sa chûte entraînera celle du Directoire Français; tout cet Edifice confus de Républiques Démocratiques, filles informes de la grande République, s'anéantira, les Peuples se battront sur ses décombres pour reprendre leurs anciennes formes, la Constitution française, elle même, ne pourra plus se soutenir contre l'Anarchie, la misère et le mécontentement général.*

Arrêtons donc, avec toute l'Europe, nos réflexions sur l'expédion navale de Buonaparte, *comme sur un de ces événements marquants, préparés par la Providence pour décider le sort des nations. La célébrité de ce général extraordinaire, la confiance qu'inspirent ses talents, son génie, et sa fortune; l'époque à laquelle il entreprend cette expédition, le mystère soigneusement observé, ont donné lieu à toutes les conjectures, à toutes les recherches imaginables. On a épuisé toutes les combinaisons politiques et militaires, pour deviner le bût de son armement.*

Essayons l'examen des différents projêts qu'on a supposés à ce général. Chimériques ou réels; atteignant le but d'accabler l'Angleterre, ou sén éloignant, ils méritent tous une attention particulière: car enfin tous ces projêts doivent avoir une tendance directe ou indirecte à l'abaissement de la puissance navale des Anglais. Par la position du lieu de départ ils se dirigent nécessairement à l'Est, ou à l'Ouest, ainsi notre Examen se partage naturellement en deux parties, Est et Ouest.

1°. *EGYPTE.*

Le premier projet qui se présente, que le Directoire a jetté dans le public, qui a été prôné avec emphase dans les deux Conseils et dans les journaux affidés, c'est la conquête de l'Egypte. Tous ce qui en a été dit et écrit montre tant d'ignorance qu'à peine peut on démêler l'exagération de la réalité.

Pourquoi les Français s'empareraient ils de l'Egypte? c'est pour s'ouvrir, diton, un chemin par la Mer rouge, dans la Mer de l'Inde. Nous ne pouvons pas prendre nos exemples dans la Navigation des anciens rois d'Egypte, qui avaient de grands Etablissements dans la haute Egypte et des ports sur la Mer rouge.

Tenons nous en au dernier armement considérable qui ait été fait dans cette Mer. En 1509 Campson-Gauri, *Soudan d'Egypte, fit construire à Suez une escadre considérable pour aller attaquer les Portugais sur la côte de Cambaye. Cet armement con-*

sistait en six vaisseaux ronds et six galères; il portait 1500 *hommes d'armes. Ses préparatifs durèrent quatre ans; on fut obligé de faire venir, des Etats du grand Seigneur, et des Vénitiens, le bois, le fer, les voiles, le goudron; l'Egypte ne fournissant aucune de ces denrées navales ces douze bâtiments étaient à varangues plates, et tiraient très peu d'eau; ils naviguèrent près de quatre mois avant de sortir du détroit de* Babelmandel. *Depuis lors jusqu'à nos jours il n'y a eu aucun armement dans la Mer rouge.*

Nous sçavons positivement par les navigateurs modernes, surtout Anglais, que les vaisseaux qui ont un tirant d'eau de seize à vingt pieds ne peuvent remonter dans la Mer rouge, avec beaucoup de tems et de danger, jusqu'à Arkiko, *ou tout-au-plus à* Suakem; *que pour remonter de* Suakem *à* Cossir, *distant de près de* 200 *lieues, le seul port dont le commerce se fasse par les Caravanes du* Caire, *il faut se servir de vaisseaux plats, que de* Cossir *à* Suez, *distance de* 3 *degrés* 20 *minutes, on ne navigue qu'avec des barques; tel est état de la navigation de la Mer rouge relativement à l'E-*

gypte. Nations, canaux, ports, villes, culture, commerce, tout a disparu.

Examinons ce qui reste pour aborder en Egypte et pour la traverser; et gâgner la Mer de l'Inde, par la Mer rouge. Toute la côte de l'Egypte le long de la Méditerranée est plate, et remplie de sables mouvants, dont les bancs varient et rendent la navigation dangereuse. Les seuls ports qui existent, sont formés par les bouches du Nil. Au Nord - Ouest se présente d'abord le canal d'Alexandrie, *mauvais port, pays très-mal sain. La bouche* d'Aboukir *qui suit n'est point fréquentée. Ensuite vient* Rosette *sur un des grands bras du Nil; le pays est meilleur, et le port plus fréquenté. La bouche de* Bourlos *et son lac sont à peine connus. La bouche* Phatmétique, *ou de* Damiette *est peu abordable sur le grand bras oriental du Nil. Le lac* Menzalé *est tout-à-fait inconnu; il a quatre bouches, la nouvelle à* Esbe *ou* Damiette; *la* Mendesiene *ou* Dibe; *la* Tanitique *ou* Farrege, *et la* Pelusiaque *ou* Eifarema. *Ce serait, sans contredit, la partie du Nil la plus utile un jour pour la navigation, mais il faudrait des travaux immenses. pour r'ouvrir cette communication;*

il faudrait, avant tout, rétablir l'ancienne branche du Nil qui aboutissait à Peluse, *le port de guerre des Ptolomées;* Farama *et* Tinna, *ou l'ancienne* Peluse, *deviendraient la clef de l'Egypte et le point le plus intéressant pour le commerce de de la Syrie, de l'Arabie, et de l'Archipel. Il n'y a pas sur toute la côté dangereuse de l'Egypte un seul port où l'on puisse réfugier une frégatte de quarante canons.*

La communication avec la Mer rouge est une chimère. Si on parvenait à rétablir la branche Pélusiaque *du Nil, on devrait aussi recreuser l'ancien canal de* Ptolomée, *qui irait tomber à* Suez, *l'ancienne* Arsinoé, *où se rejoignait aussi le canal* d'Amrou, *partant du grand* Caire. *Cette communication avec la Mer rouge qui exigerait d'énormes travaux, un tems immense et beaucoup d'argent, ne serait pas aussi utile qu'on se la représente, parceque cette mer étroite, sous un climat enflammé et tempestueux, est pleine d'isles, de rochers, de bas-fonds, de sables mouvants, d'une navigation lente et dangereuse jusqu'à* Cossir *à plus de 80 lieues de* Suez. *C'est à* Cossir *qu'aboutit la route des caravanes du grand* Caire; *au travers des déserts, et des montagnes par* Guiené, *sur le haut Nil, à 100 lieues du* Caire.

Sur le côté Oriental du Nil, le terrein entre ce fleuve et la Mer rouge ne contient que des montagnes impratiquables, sur lesquelles errent quelques hordes d'Arabes Bédouins; au travers de ces horribles déserts il n'existe qu'une seule route, celle de Guiené *à* Cossir. *A l'Occident du Nil, la Lybie, qui borne l'Egypte, en est séparée par une mer de sables mouvants, sur laquelle s'élèvent quelques isles mal habitées, nommées* Oasis. *Il n'y a pas la moindre spéculation à faire de ce côté.*

Tous les projets d'établissement en Egypte se réduiraient donc à la navigation directe du Nil, depuis ses cataractes jusqu'à ses différentes embouchures. Sa population n'excède pas quatre millions d'ames, d'un peuple lâche et stupide; elle serait encore diminuée par les vexations des conquérants, et par les travaux immenses qu'il faudrait entreprendre pour nétoyer le canal d'Alexandrie *et son port, pour rendre pratiquable la navigation du lac de* Bourlos, *de* Rosette, *de* Damiette *et du lac* Menzale; *pour rétablir la branche* Pélusiaque, *le port de* Peluse, *les canaux de* Ptolomée *et* d'Amrou; *et le tout pour n'aboutir qu'à* Suez.

En supposant ces travaux achevés, il faudrait construire une marine légère et tirant peu d'eau à Suez*; une autre de plus grands vaisseaux à* Cossir; *il faudrait, en outre, avec la permission des différents peuples qui bordent cette mer, se donner des échelles de navigation depuis* Cossir *jusqu'au détroit de* Babelmandel, *sur la côté de l'Abyssinie, et sur celle de l'Arabie; il faudrait, en outre, un établissement dans l'Isle de* Zocotora, *pour être maîtres du débouché de la mer de l'Inde.*

Les Arabes ni les Turcs ne pourraient pas supporter que des infidèles s'établissent aussi près de leur terre sainte, et à moins de tenir des garnisons nombreuses sur les côtes de la Mer rouge, on en serait bientôt chassé; mais comment entretenir, nourrir, recruter les garnisons et les escadres dans la Mer rouge, au milieu d'une contrée si malsaine et de peuples aussi sauvages? On ne peut compter ni sur les Egyptiens, ni sur les Arabes; les premiers sont de vils esclaves, les autres sont indomptables. Tous les revenus de l'Egypte, qui ne montent pas aprèsent à vingt millions, ne suffiraient pas à cette dépense, quand même le pays deviendrait florissant. Combien d'années, ou plutôt de siécles ne faudrait il pas, pour rétablir, parmi ces peuples abrutis, les arts, l'amour du travail, et même la simple raison!

La conquête de l'Egypte ne peut pas d'ailleurs se réduire à l'occupation intrinséque du grand Caire *et du* Delta. *Pour en assurer la possession, il faut absolument être maître de l'isle de* Candie, *et même de Chypre pour stationer les vaisseaux de guerre, chargés de la défense navale de l'Egypte; sans quoi l'établissement français pourrait avoir facilement sa navigation interrompue, être attaqué à l'improviste, et ne pouvoir recevoir aucun secours.*

Mais, nous disent les déclamateurs, on ne se détermine à entrer en Egypte que pour pénétrer dans l'Inde, et aller y détruire l'Empire anglais. Supposons ce grand projet; nous sçavons qu'il n'y a que trois routes, de l'Orient dans l'Inde. 1°. Celle de la Mer rouge, dont nous venons d'examiner les obstacles insurmontables. 2°. Celle du Golphe Persique, en traversant le désert pour arriver à Balsora, *mais cette route est tout au plus bonne pour des Couriers; elle est absolument impratiquable pour un bataillon, ou un Escadron; et elle est chimérique pour un corps d'armée avec son artillerie et son bagage. En cas même qu'on voulût exécuter un projet aussi extravagant, c'est de la Syrie qu'il faudrait partir, et non pas de l'Egypte. Arrivés à* Balsora, *(si cela n'était pas phisiquement impossible) il faudrait toujours des vaisseaux pour traverser le Golphe Persique, et entrer dans la mer de l'Inde.*

3°. *La troisème route serait de passer au travers de la Perse; il faudrait* seulement *la conquérir en passant. On ne peut pas s'arrèter sur des idées aussi folles. Laissons donc là l'Egypte et l'Inde:* Buonaparte *à montré jusqu'a présent trop de profondeur dans ses vues pour lui supposer des idées dispartes.*

2°. *MALTE.*

Le second projet d'une expédition à l'Est de la Méditerranée c'est la conquêt de Malte. *Cet Etat a été oublié dans le tableau spéculatif, parceque depuis la décadence de l'Ordre les pertes énormes qu'il vient d'éssuyer en France, en Italie, à la rive gauche du Rhin, et en Suisse, il ne peut plus être regardé comme Puissance; Mais*

Malte *est le point le plus important de la Méditerranée, par l'excellence de son port, et par la force inexpugnable de ses remparts. L'Isle est très peuplée, et fournit des marins intrépides.*

Si les Français s'en emparaient, ils y trouveraient des richesses immenses, qu'on y a réfugiées de l'Italie, ils gagneraient une nombreuse recrûe d'excellents matelots, ils seraient maîtres absolus du sort du Royaume de Naples, de la Sicile, du Golphe Adriatique, des Puissances barbaresques; et de l'Archipel. Le commerce du Levant ne se ferait plus que par leur permission, et il serait encore plus impossible de chasser les Français de Malte *que les Anglais de* Gibraltar. *Personne n'ignore que le Gouvernement du grand-maître a toujours déplu au peuple Arabe qui habite* Malte *et* Goze, *qu'il y a eu souvent des révoltes de la part de ce peuple brave et inquiet. Le Jacobinisme a envoyé depuis longtems ses missionaires pour électriser les têtes brulantes; et si l'expédition de* Malte *a été réellement résolue, elle est sans contredit calculée sur les progrès de cette prapagande; car* Buonaparte *a trop de mesure dans l'esprit pour tenter de prendre* Malte, *s'il n'était pas sûr d'y être introduit. Il ne peut raisonablement éssayer ni une attaque brusque ni un Siége; pour peu qu'il dût y perdre de de tems. Où réfugierait il ses Vaisseaux de guerre et ses transports? d'où tirerait il ses vivres? les Anglais viendraient lui faire lever ce Siége, et il risquerait d'être perdu sur terre et sur mer.*

Si Buonaparte *tentait de s'emparer de* Malte, *il serait encore possible qu'il manquât l'expédition, même après avoir eu sa descente facilitée par l'insurrection de tous les habitans de l'Isle; si le grand maître avoit eu soin d'avance de n'admettre dans la forteresse que des habitans fidéles, de mettre ses fortifications en bon état, et de se pourvoir abondament de munitions de guerre et de bouche. Les Français n'auraient rien fait quand même ils occuperaient toute l'Isle, tant que la ville tiendrait, et naturellement ce Siége, s'il avait lieu, serait un combat à mort entre l'Aristocratie et la Démocratie. Une défense vigoureuse donnerait aux Russes et aux Anglais le tems d'y accourir. Si* Buonaparte *échouait, sa défaite influerait sur la Paix, sur la guerre, sur les événements les plus éloignés, sur le sort du gouvernement Français, et la face de l'Europe serait encore changée.*

Ne nous arrêtons pas sur l'injustice de s'emparer de Malte, *sans déclaration de guerre. Un grand Général Français a mandé à un Publiciste Allemand, qui voulait lui dédier un ouvrage sur le droit Public :* Ecrivez sur le droit de la guerre, c'est le seul véritable. *Le 10 Juillet.*

La nouvelle arrive de la prise de Malte, *par* Buonaparte, *le mystère de son expédition est dévoilé; aucune puissance n'est plus dans le cas de regretter l'extinction de cette secte de Corsaires religieux, que la Porte; ceux qui les remplacent sont d'un tout autre danger pour elle.*

3[3]. *CONSTANTINOPLE.*

Le troisième projet est de se rendre à Constantinople, sous le prétexte de naviguer plus loin, et d'aller au travers de la mer noire attaquer la Crimée. Une fois à Constantinople, Buonaparte *mettrait en action une coalition entre* Paswan-Oglou, *le Pacha de* Scutari, *les habitans opprimés de l'ancienne Grèce et les Français. Le Grand-*

Seigneur serait, relégué en Asie, les Grecs formeaient des Républiques, les deux Pachas deviendraient souverains indépendants, en attendant un plus ample informé*: la République Française aurait, pour ses peines, les trésors du Serrail, l'Isle de* Candie, Chypre *et* l'Egypte. *C'est alors que cette expédition vaudrait réellement cinq cent pour cent. Heureusemeut que ce projet est aussi fou qu'il en atroce,*

Malgré l'opinion publique sur tous ces projêts Orientaux, il est plus que probable que c'est réellement à l'ouest que se dirige l'expédition de Buonaparte. *Il est à présumer que ce général a conçu le projet de la descente en Angleterre, avec cette opiniatreté qui sçait vaincre les plus grands obstacles; que la révolte générale de l'Irlande et les germes de révolution semés en Ecosse, et en Angleterre sont des préparatifs calculés, ainsi que ceux que l'on fait dans tous les ports de France; qu'en réunissant tous ses moyens, la France ne peut pas mettre ensemble plus de trente à quarante vaisseaux de ligne pour l'expédition d'Angleterre: qu'il n'est pas probable qu'on prenne ce moment pour distraire de cette armée toute l'escadre de*

Toulon et de Corfou; que tout projet, en Levant, bien loin de nuire aux Anglais, les débarasserait de la crainte d'une descente, leur donnerait le tems et les moyens de dompter les rébelles Irlandais; que la Marine Espagnole resterait bloquée, paralysée et nulle; que tous les peuples feraient alors des vœux pour l'Angleterre: que bien loin de hâter, par ces nouvelles conquêtes, la paix continentale, le Directoire forcerait toutes les puissances à se réunir pour s'oposer à ce torrent révolutionaire et dévastateur.

Plus le Gouvernement Français cherche à donner de probabilité à ces projêts Orientaux, plus les Anglais seront attentifs à ne pas prendre le change sur le vrai bût de Buonaparte, *qui doit être de faire fausse route, pour engager l'Amiral Anglais à diviser sa flotte, tâcher, en se cachant derrière la* Corse *ou la* Sardaigne, *d'échaper à l'Escadre qu'on aura détachée contre lui, la laisser derrière soi, se joindre près du détroit à l'Escadre de* Cartagêne, *après ce renfort se présenter en force dans le détroit devant l'Admiral Anglais, affaibli d'autant; le mettre entre deux feux, par la délivrance de la flotte de* Cadix, *et devenir ainsi maître de la Mer. La pesanteur de la marche d'un Convoi de quatre à cinq cent voiles, l'inexpérience des marins rassemblés de toute part sur l'Escadre de Toulon, l'habilité, et la supériorité des Anglais présentent à* Buonaparte *des chances très dangereuses: mais s'il réussissait, la Paix continentale serait sur le champ terminée, et l'Angleterre, vu les circonstances de l'Irlande, aurait bien de la peine à se soutenir contre des projêts conduits avec obstination, par le génie et la fortune de* Buonaparte.

Le Tableau spéculatif de l'Europe, en 1798, va se dérouler dans l'ordre suivant.

I. L'Autriche.

II. La Prusse.

III. L'Empire d'Allemagne.

IV. La Suisse.

V. L'Italie.

VI. La Turquie.

VII. La Russie.

VIII. La Suède.

IX. Le Dannemark.

X. L'Angleterre.

XI. L'Espagne.

XII. Le Portugal.

XIII. Les Etats-unis de l'Amérique.

XIV. La Hollande.

XV. La France.

CHAP. I.

L'Autriche.

L'Autriche, avant la révolution française, était la première puissance de l'Europe, tant par la dignité héréditaire du Chef de l'Empire, que par la force de ses armées, l'étendue et la position de ses états, et l'influence de sa politique. Son alliance avec la France l'assurait contre toute guerre, en cas qu'elle ne voulût pas elle-même commencer l'aggression.

Elle pouvait même éviter la guerre malheureuse dans laquelle elle s'est engagée contre la Nation Française. A la vérité, son influence n'aurait pas été aussi forte sur un gouvernement mixte que sur une monarchie illimitée; ses connexions n'auraient pas été aussi intimes de peuple à peuple, qu'avec une Cour alliée. Mais si elle perdait l'espéce de suzeraineté qu'elle s'était arrogée sur un gouvernement faible, ellle était sûre au moins de trouver plus de solidité, moins de caprices, moins d'intrigues dans un peuple, que dans les entours d'un Roi, ou dans un changement de régne, ou de ministère.

L'Autriche a perdu par cette guerre son antique héritage des Pays-bas, qui lui donnait des connexions particulières et avantageuses avec la France, l'Angleterre et la Hollande. Elle a perdu la fertile Lombardie, dont elle n'a jamais tiré un parti aussi avantageux qu'elle le pouvait, et son influence sur l'Italie, où une branche de sa Maison végéte précairement à la tête d'un petit Etat, qui ne peut pas tarder à être absorbé par la révolution démocratique, dont les progrès en Italie sont trop rapides pour pouvoir être arrêtés, et qui, avant la fin du siécle, doivent unir, si non indivisiblement, au moins fédéralement, tous les peuples de cette contrée en un seul corps politique.

Elle a perdu toute communication avec le Rhin, par la cession de l'Autriche antérieure au Duc de Modène, à la vérité avec l'espoir de rentrer dans cette possession à titre d'hérédité, à moins que la politique française n'ait arrangé d'avance des obstacles contre cette éventualité.

Enfin, elle va perdre, par le démembrement du Corps-Germanique, et par la dissolution conséquente de son association politique, l'influence, idéale, mais cependant très-réelle, attachée à la dignité de Chef de l'Empire.

Voyons ses compensations. Elle a gagné pendant le cours de cette guerre une portion de la Pologne, dont la dimension territoriale est plus du double de celle des Pays-bas, et dont la population va au tiers de celle de la Belgique.

Elle a gagné, en indemnité de la Lombardie, tout le territoire de terre-ferme de Venise, depuis le lac de Guarda jusqu'à Rovigo, la superbe ville de Venise, le Frioul, l'Istrie et la Dalmatie vénitienne; c'est-à-dire, deux fois plus de territoire et de population qu'elle n'en possédait dans la Lombardie, des ports et des moyens de commerce et de marine qu'elle n'avoit jamais possédés.

Il paraît, par la position concentrique qu'elle donne à ses troupes dans leur retraite des bords du Rhin, qu'elle va gagner l'Archevèché de Saltzbourg, et le cours de l'Inn et du Danube, depuis Donawerth,

Ingolstadt, Passau, jusqu'à Vienne; et cet arrondissement donne une grande force d'ensemble à ses Etats héréditaires. La Paix de Rastadt, si elle se conclud, nous apprendra ce que deviendront le Duché de Neubourg, le Haut-Palátinat, et le reste de la Bavière.

Il paraît que (hors l'honneur) l'Autriche a beaucoup gagné à cette guerre. Son territoire, sa population-même sont considérablement augmentés. Sa puissance et sa force sont plus concentrées. La possession de ses nouveaux Etats d'Italie couvre la Hongrie et la Croatie, et lui ouvre un débouché extrêmement avantageux pour vivifier, par le commerce, ces belles provinces, qui languissaient faute de moyens d'importation et d'exportation. Elle a moins d'objets d'ambition, d'agitation politique, de guerres éloignées, de dépenses ruineuses. Elle a plus de ressources pour se procurer, par les canaux du commerce, et de l'agricultere, le numéraire, dont sa position *méditerranée* lui faisait ressentir la pénurie.

Moins attachée à la Dignité Impériale par la dissolution du corps politique, qui faisait l'éclat et l'embarras de ce titre auguste, elle ne peut considérer à l'avenir le reste de l'Allemagne que comme un pays intermédiaire entr'elle et la République Française, avec laquelle, n'ayant plus de points de contact, il semble qu'elle n'a plus de motifs de contestations.

Pourvu qu'elle reste en paix avec la France, elle parait n'avoir plus besoin d'alliés.

Elle a pour ennemis naturels la Turquie, au Sud-Est, mais trop faible et trop mal gouvernée pour la gêner; la Russie, à l'Est et au Nord-Est, par le voisinage de ses états Polonais; la Prusse, au Nord et à l'Ouest, par ses mêmes états Polonais, par la Silésie, et même par le haut du Danube, en cas, qu'un jour la maison Palatine et celle de Saxe se liguent avec la Prusse, comme cela doit naturellement arriver, pour se faire restituer, l'une, son héritage, l'autre, ses biens allodiaux.

Mais son plus grand danger est du côté de l'Italie. Ses nouveaux états Vénitiens, qui font sa principale force, qui doivent un jour lui procurer ses principales ressources, peuvent, avant cette heureuse époque, l'épuiser, et causer sa ruine. Le peuple Vénitien, pénétré de son zèle antique pour son gouvernement aristocratique, entraîné par son indignation contre les violences des Français, et contre la véhémence de la démocratie Cisalpine, doit, dans le premier moment, regarder les Autrichiens comme des libérateurs. Mais ce sentiment ne peut durer.

Ce peuple se souviendra toujours que, depuis mille ans, il est républicain. Le joug, même le plus doux, lui paraîtra bientôt insupportable. Les nobles eux-mêmes préfèreront exister comme membres d'une nation libre, que comme vassaux d'un Souverain Allemand. La morgue de la Cour de Vienne sera aussi incorrigible que l'amour de la liberté chez les Vénitiens. Le voisinage de la République Cisalpine, foyer perpétuel de conjurations, asyle assuré des mécontens et des perturbateurs, électrisera les plus timides; l'opinion des Rois descend, celle des peuples monte. Un jour le peuple Vénitien redeviendra libre.

Telle est la marche irrésistible de la nature humaine, de l'opinion; et sur-tout de l'esprit révolutionnaire répandu en Europe, dont la force et la rapidité sont assurées par la grande supériorité des peuples libres sur les gouvernements monarchiques : supériorité démontrée par cette étonnante guerre, et par la paix qui en sera le résultat.

Le danger pour la Maison d'Autriche est très-réel. Sa possession en Italie est précaire, et sera une source de grandes guerres. Ou l'Autriche anéantira la République Cisalpine, et profitera des révolutions de l'Italie pour en usurper la plus grande partie, ou Venise sera réunie, ou indivisiblement, ou fédéralement à la République Italienne, et alors, c'est par la Dalmatie et l'Istrie que l'esprit révolutionnaire s'étendra dans la Croatie et la Hongrie.

Ce ne serait pas l'intérêt bien entendu de la France de fomenter l'insurrection vénitienne contre la Maison d'Autriche, après lui avoir livré ce peuple. Il ne serait pas non plus de la bonne politique pour les Français de favoriser l'accroissement rapide de la République Cisalpine, et l'accession du reste de l'Italie à sa révolution. Mais tout gouvernement démocratique est fougueux, imprudent, sans méthode, entraîné par les circonstances, poussé par les hommes du moment. D'ailleurs, quoique le Directoire Français puisse ne pas desirer l'agrandissement de ses enfans, les Cisalpins, il voudra encore moins les laisser anéantir par l'accroissement de la puissance Autrichienne.

Les Français joueront nécessairement le même rôle que les Romains dans les querelles *d'Antiochus* avec les républiques grecques. Ce seront des arbitres trop puissans pour ne pas finir par imposer une loi très dure.

D'autres événements, qui se préparent ailleurs, s'enchaîneront avec les disputes de l'Italie; et Venise, un des objets de cette guerre, échappera à la Maison d'Autriche, ou l'Empereur conquerra l'Italie. Mais il est bien à craindre que la Cour de Vienne ne soit punie par où elle a péché.

Les Chapîtres de la Suisse et de la Turquie développeront la connexion des circonstances dangereuses, qui, un jour, iront assiéger la Maison d'Autriche, jusques dans l'arrondissement éloigné où elle semble s'être circonscrite par sa paix avec la France, pour se garantir du contact révolutionnaire.

La prise de *Malte* décide une grande question qu'on n'a pû se faire, lorsque l'Empereur a obtenu de la France la possession du territoire et de la ville de Venise. On a pû se demander si cette possession n'amenerait pas un jour l'Autriche à devenir une puissance Maritime, et ne la rendrait pas d'abord dominatrice dans le golphe Adriatique; et ensuite dans l'Archipel. Le Directoire Français avait déjà bridé l'ambition de la Cour de Vienne de ce côté par l'occupation du port de guerre de Corfou. *Malte* lui fait à présent une seconde échelle, qui arrêtera tous les progrès en commerce et en puissance navale aux quels aurait pû prétendre la Maison d'Autriche. Cette première partie de l'expédition de *Buonaparte* décide le sort des possessions de l'Empereur en Italie.

L'Excellent Port de *Malte*, possédé par les Chevaliers, était utile à toutes les nations de l'Europe, et ne pouvait nuire à aucune. Cette association de Corsaires, moines et nobles, était trop contrastante avec l'opinion publique de la fin du dixhuitième siécle, et en même tems trop riche et trop amollie par le luxe pour se soutenir encore longtems. Ces chevaliers étaient payés trop chèrement par les puissances Catholiques, ils étaient trop faibles en territoire, en sujèts, en marine, en troupes; leur gouvernement était trop vicieux, et trop divisé par des intrigues claustrales; leur Prince électif avait trop peu de pouvoir. Cependant il convenait à toutes les Puissances maritimes que cette bisare petite Souveraineté subsistât, parcequ'il convenait que le port de *Malte* fût dans les mains d'une puissance neutre et faible.

Toutes les puissances maritimes ont vu les aprêts considérables que les Français faisaient à Toulon, sans penser à *Malte* et à son importance. *Buonaparte* a paru devant *Malte*, la lâcheté, et la trahison lui en ont ouvert les portes, et l'ordre est anéanti. Toute l'Europe en intéressée à ce que la France ne reste pas en possession de *Malte*, non plus que l'Angleterre, ni la Russie. Il convient à toutes les Puissances, et surtout à l'Autriche, que cette Isle soit annexée au Royaume de Naples, dont elle a été détachée. La France elle même, lors. quelle sera guérie de son ambition dévastatrice, doit consentir volontairement qu'elle retourne à son ancien propriétaire, pour éteindre les causes perpétuelles de guerre que lui attirerait sa possession.

Le surplus de l'expédition de *Buonaparte* regarde la Gréce, ou l'Inde. Si, après la prise de *Malte*, ce Général s'en dirigé sur l'Archipel et la Morée, la Cour de Vienne ne peut pas prendre ce moment pour signer la paix sans une très-grande imprudence. Si elle laisse révolutioner la Gréce, bientôt l'Albanie, la Dalmatie Turque, la Bosnie, la Servie, la Valachie, la Moldavie, la Pologne suivront cet exemple. La Hongrie, la Croatie, si fidêles jusqu'à présent, seront bientôt incendiées, et il n'y aura plus de remede.

Il ne lui resterait donc, dans ce cas, qu'un parti à prendre; ce serait de prévenir ce révolutionement, en s'alliant avec la Russie et la Porte. Si elle se hâtait de conclure un pareil traité, ce qui ne serait ni long ni difficile, parceque le danger serait instant pour ces trois Cours Impériales, leurs opérations se trouveraient combinées tout naturellement. La Turquie, aidée de l'Escadre Russe de la Crimée, devrait soutenir la guerre en Morée, en Romanie et dans l'Archipel. La Russie devrait se charger de détruire promtement *Paswan Oglou*, pour éviter que les Polonais, qui servent en grand nombre dans l'arméə de ce rébelle, ne portassent dans leur patrie l'esprit d'insurrection, ce qui certainement arriverait si *Buonaparte* parvenait à révolutioner les Grecs et donnait ensuite la main à *Paswan Oglou*, et au bacha de Scutari: Les Russes devraient ensuite joindre leur drapeaux à ceux des Turcs en Morée, pour arrèter les progrés du général Français, et débarrasser les Turcs.

Le rôle de l'Autriche dans cette guerre serait de chercher à enlever aux Français l'Isle de Corfou, pendant qu'elle est dégarnie; ce qu'elle pourrait facilement exécuter avec le secours de l'Escadre Anglaise, qui certainement conservera la supériorité dans ces Mers, puisque l'Escadre Française s'est éloignée du point central de *Malte* pour convoyer plus loin l'armée de *Buonaparte*, et qu'elle ne peut pas regàgner cette station sans s'exposer à une bataille, qui, si elle était perdue, déciderait de la manière la plus funeste le sort de *Buonaparte* et de son armée.

Cette guerre de Turquie et de Dalmatie se trouverait nécessairement liée avec celle qui recommencerait en Italie, en Suisse et sur le Mein. Il ne pourrait plus être question de paix. L'Autriche, occuppée pour son compte, serait forcée d'abandonner le débât des intérêts de l'Empire au Roi de Prusse, qui, bon gré malgré, s'entrouverait chargé; ce qui vraisemblablement l'entraînerait, après beaucoup de patience, à rompre avec la France, et à profiter des avantages qu'ameneraient les circonstances pour recommencer la guerre.

Si *Buonaparte* a tenté d'aller dans l'Inde, la Cour de Vienne doit souhaiter que dieu l'y conduise sous la garde des Anglais. C'est le plus grand bonheur qui puisse arriver à l'Empereur, qui se trouverait débarrassé tout à fait de ce terrible général, et de l'élite des officiers et des soldats Français; soit qu'ils reussissent à pénétrer en Arabie et en Egypte, soit qu'ils fussent rencontrés et battus par l'Amiral *Nelson*, et que leur projet téméraire échouât.

En ce cas l'Autriche pourrait se livrer toute entière à la discussion des intérets de l'Empire, sauver les Grisons, et peut être délivrer les Suisses. La Cour de Vienne montre jusqu'aprésent une extrème répugnance à accéder aux conditions impérieuses des ministres plénipotentiaires de France, à Rastadt. On voit dans tout le cours de cette difficile négociation de la part des ministres Impériaux un mêlange d'humeur et de faiblesse, qui présente toujours des obstacles, et qui finit toujours par plier. Dans le débat sur la démolition d'Ehrenbreitstein le ministre autrichien a refusé son consentement, mais il a éludé de donner son refus par écrit. Il semble que ce ministre craigne toujours de se compromettre, en montrant de la fermeté, et qu'il attende toujours qu'un mouvement hostile des Français décide la question. Pareille conduite a été tenue lors de l'occupation de Mayence, et de la tête de pont de Manheim.

Cette timide indécision tient à une cause majeure, qui dès le commencement de la ré-révolution Francaise a fait le malheur de l'Empire. Les deux grandes Puissances qui le partagent ont montrè l'une contre l'autre un esprit d'opposition, de jalousie et de méfiance, qui a empèché qu'il n'existât entr'elles ni union, ni accord, tant dans la guerre commune que dans les négociations subséquentes. Sacrifiant le grand intérêt du salut de l'Allemagne, elles n'ont paru, l'une et l'autre, occupées qu'à s'observer, se traverser, et se nuire.

Cette cause funeste, bien mise à profit par le Directoire Français, met des entraves à la négociation, et en même tems la soutient et la prolonge. Chaque puissance est d'accord sur les démembrements, les sécularisations, les indemnités, mais elles ne sont pas d'accord sur le mode; et c'est peutêtre ce qui sauvera l'Empire, en entrainant la guerre générale. Le danger commun devrait réunir les esprits; il ne cessera que lorsque les deux Cours s'entendront, et se lieront de bonne foi: ce premier pas les conduira à faire cause commune avec la Russie et l'Angleterre.

Le systême politique actuel du Directoire consiste à séparer le Nord, du Midi de l'Allemagne, pour pouvoir ensuite attaquer l'un ou l'autre à son gré, opposer d'intérêts les deux parties l'une à l'autre, profiter de leur avidité et de leur jalousie pour tout brouiller, par des partages et des indemnités; empêcher tout raprochement, et toute réunion. Si les deux Cours de Vienne et de Berlin ne préviennent pas ce système, si elles sacrifient les intérêts majeurs d'un-avenir très prochain à des petits avantages momentanés, elles se perdent toutes deux.

Les événements arrivés depuis le traité de paix de *Campo Formio*, le réduisent à rien : Il ne peut plus servir de bâze ni pour la paix de l'Empire, ni pour la paix particulière de l'Autriche. Toutes les dispositions extérieures de la Cour de Vienne montrent presque le desir de recommencer la guerre. Elle arme puissament en Italie, et sur les frontierès de la Suisse. Elle s'oppose ouvertement à la réunion des Grisons à la République Helvétique. Il est cependant possible que ces préparatifs de guerre cachent des dispositions très prochaines à la paix. Il est possible que la Cour de Vienne tombe dans une très grande erreur par une avidité mal entendue. On parle d'échanges, de cessions, d'arrondissements de territoire en Italie.

Il est possible que le Directoire Français, qui n'aime point du tout les républiques Italiennes, les lui sacrifie, ainsi que

Mantoue; que cette Cour soit tentée d'accepter le Milanès, et tout ce qui compose la république Cisalpine; qu'on propose de transplanter le Roi de Sardaigne à Rome, que les Français ayent la prétention de garder le Piémont, et de rester maîtres du sort de la Suisse, qu'ils finiraient par incorporer dans la grande Nation.

Ce projet serait certainement soufflé et appuyé par les cours de Turin, Parme, Florence, et Naples, qui espéreraient, par cet arrangement, se garantir de leur perte, et éloigner le danger de la démocratisation. Mais ce serait un plan très nuisible à la Cour de Vienne. 1°. Il débarrasserait la France de la charge pesante d'entretenir quatrevingt mille hommes dans cette Contrée, qu'ils ont épuisée. 2°. Il lui laisserait la clef de l'Italie, par la possession du Piémont. 3°. Elle serait maîtresse des débouchés du Milanès et du Tyrol, par les Grisons. 4°. Elle menacerait toujours la Bavière et la Souabe, par la Suisse.

La Cour de Vienne ne pourrait pas, sans courir à sa perte, sans se préparer tous les désavantages d'une offensive toujours menaçante, et tous les dangers de la propagande révolutionaire, laisser les Français maîtres de la Suisse. Elle ne peut pas laisser se consolider la République démocratique Helvétienne, laisser corrobores son alliance avec la France, ou laisser exécuter son incorporation. Elle aurait bientôt des disputes de territoire pour les Grisons, le Voralberg, Bregentz, et Constance; ces disputes seraient suscitées, sous main, par le Directoire Français, qui soutiendrait en suite les Helvétiens.

Son Milanès, son Etat de Venise, travaillés démocratiquement pendant la paix, seraient bientôt enlevés dans une nouvelle guerre, parceque la France serait maitresse du golphe adriatique, par sa station de Corfou; qu'elle prendrait à revers le Tyrol et le Milanès par les Grisons et le Piémont; pendant que sa principale armée déboucherait par la Suisse, et se deployerait en Bavière, et en Souabe. Dans cette nouvelle guerre, qui ne tarderait pas à éclater, l'Autriche pourrait encore essuyer une diversion par la Turquie. Elle serait ainsi attaquée, en demi cercle, dans ses propres états; et par la précipitation qu'elle aurait mise à faire sa paix séparée, en sacrifiant les Etats de l'Empire, elle serait isolée et sans secours.

Pour éviter cet isolement, l'intérêt de l'Autriche est de négocier franchement avec la Prusse, de ramener sa confiance par la droiture de ses démarches, de ne lui cacher, ni les clauses du traité de *Campo-Formio*, qui sont sans valeur, ni les propositions subséquentes faites entre la France et elle, ni les détails de ses négotiations extérieures; de renoncer à des avantages momentanés, et illusoires, de quelque nature qu'ils soient, contre les quels elle doit être en garde, étant offerts par le Directoire Français, et ne pouvant que donner ombrage à la Cour de Berlin; de conclurre au plutôt un traité d'alliance offensif et deffensif avec la Russie, la Porte et l'Angleterre; et de laisser au Roi de Prusse le tems de réfléchir à son accession à cette alliance.

Il résulterait, *peut être*, de ce plan de conduite que le Directoire Français, sentant le danger de pousser à bout des souverains, revenus de leurs préjugés, et prêts à se réunir, prendrait un ton plus modéré dans ses négociations. Alors l'Empereur reprendrait toute sa dignité et toute son influence dans le congrès de Rastadt, sans être obligé de sacrifier les intérêts de l'Empire, dont il est le chef. Il ne céderait point sur la démolition d'Ehrenbreitstein, il n'accorderait point aux Français les têtes de pont du Rhin et du Mein : Il exigerait l'évacuation de la Suisse. Il arrangerait à l'amiable le sort de l'Italie; il deviendrait, dans cette contrée, le protecteur des malheureux Souverains qui y existent encore. Il ne permettrait ni les prétentions, ni les extentions des trois Républiques démocratiques Italiennes. Il travaillerait, avec les autres souverains, à borner les progrès de la Démocratie, et à la reléguer à la rive gauche du Rhin, où elle agirait sur elle même, et pas conséquent serait moins dangereuse pour ses voisins, qui verraient enfin de sang froid toutes les calamites qu'elle entraîne.

Si ce qui est infiniment plus probable, le Directoire, ennivré par ses succès, persiste dans ses injustes prétentions, et brusque la négociation, en faisant avancer ses troupes, alors l'Empereur, assuré de l'alliance de la Russie, de la Turquie et de l'Angleterre, retirera ses ministres de Rastadt, protestera contre ce qui aura été fait, laissera les autres souverains de l'Empire faire leur arrangement particulier sous la médiation du Roi de Prusse, et recommencera la guerre en Souabe, en Suisse, et en Italie. Signer la paix en ce moment, d'après les conditions inégales, injustes et avillissantes imposées avec autant de hauteur et de menaces par les plénipotentiaires Français, ce serait signer le triomphe absolu de la Démocratie, et l'arrêt de mort de tous les Souverains.

Depuis la téméraire entreprise que *Buonaparte*, conduit en Levant, l'égalité de forces est rétablie : l'Empereur est en état de soutenir une guerre égale, et de se donner l'avantage de l'offensive ; quand même le nord de l'Allemagne resterait neutre, pourvû qu'il reste armé, cela suffit, par ce que les Français ne pourront pas dégarnir les bords du Rhin, la Hollande et les côtes.

La guerre en Italie ne peut que les ruiner, par ce qu'ils l'ont dévastée, et aliénée. L'Empereur trouvera dans l'Italie même, en Suisse, dans le midi de l'Allemagne des alliés que lui donneront le désespoir des peuples, et la supériorité navale des Anglais. Le Turcs et les Russes lui procureront des diversions utiles. La communication de *Buonaparte* sera entièrement coupée. L'établissement de Corfou sera sans soutien, *Malte* sans vivres. Les résultats ne peuvent qu'être avantageux si cette guerre est conduite avec vigueur, et prudence.

Nulle guerre n'est plus juste, ni plus indispensable. Il s'agit du salut de la Constitution, des moeurs, de la religion. Elle est nécessaire aux peuples vexés; En france elle ne convient qu'au Directoire pour se soutenir par le désordre et la violence; mais la nation ne pourra la voir commencer qu'avec horreur: au moindre revers elle s'en prendra à ses administrateurs infidéles, et elle les punira des maux qu'ils auront attirés sur leur patrie.

Le Directoire a commis une faute énorme, en morcelant sa marine, sacrifiant les Irlandais qu'il a soulevés, paralisant les Espagnols dans leurs Ports, exposant son meilleur général, quarante mille hommes d'élite, et treize vaisseaux de guerre et, le reste de son numéraire pour une expédition avanturière, une diversion lointaine, qui éparpille la guerre au lieu de la concentrer.

Si l'Autriche profite, à tems, de cette faute, elle sauvera l'Empire, et l'Europe, des ravages de l'anarchie démocratique. Si elle laisse échaper l'occasion, tout tournera contr'elle et contre les autres Souverains, qui seront restés indifférents sur la progression incalculable des dangers qui résultent d'une paix humiliante et inégale.

CHAP. 2.

La Prusse.

La conduite du Directoire Français, au mois de Janvier 1798, perce encore un des mystères qui couvrent les arrangements secrets et pris d'avance, dont le dévelopement doit être complété pas la paix de Rastadt, si elle a lieu. On ignore les négociations de la France avec la Prusse; mais ce ne peut être qu'avec le consentement de cette dernière puissance que les

Français viennent d'incorporer, dans la grande République, le Duché de Cléves, et le Comté de Moeurs, ce qui est arrivé le 17 Janvier.

Il est plus que probable que le Roi de Prusse a pareillement été prévenu de la première condition péremptoire que les Plénipotentiaires Français au Congrès de Rastadt ont délivrée au Plénipotentiaire de l'Empereur, et qu'il a référée aux autres Ministres du Corps-Germanique. Cette condition, qui doit servir de bâse aux négociations, porte la cession de toute la rive gauche du Rhin à la République Française. Des démarches sévères ont précédé et suivi cette demande. Les troupes Françaises ont enlevé, l'épée à la main, le 26 Janvier, la tête de pont de Manheim, et menacent de s'emparer de cette ville, quoiqu'à la rive droite, comme ils occupent encore le Fort de Kehl, la Wétéravie et Dusseldorff. Il n'est pas douteux qu'ils prendront de même sous peu, de vive force, Ehrenbreitstein, si on ne le leur céde pas de bon gré.

Non seulement le Directoire Français ne cache plus ses vues de prendre le Rhin pour limite, mais il veut dicter les conditions de cette cession au Corps-Germanique, assemblé à Rastadt. Il lui enverra le plan de partage, qui, par l'extinction des Souverainetés Ecclésiastiques et des Villes Impériales, procurera l'indemnité aux Princes ci-devant possessionnés à la rive gauche du Rhin, et qui changera entièrement la face de l'Allemagne.

Ce n'est pas ici le lieu d'examiner avec quelle sévérité la France use du droit du plus fort, et combien l'Allemagne est deshonorée par cette loi rigoureuse. Le Corps-Germanique est une aggrégation de peuples grands et petits, dont les intérêts n'ont aucune communauté, et ne forment aucun lien. Il y a en Allemagne des Autrichiens, des Prussiens, des Hessois, des Saxons, des Bavarois etc.; mais il n'y a point de nation Allemande, ainsi il n'y a point d'honneur national.

Voilà les désavantages d'une nation fédéralisée. Les Hollandais, les Suisses et les Italiens ont présenté les mêmes inconvéniens, et n'ont pas pu opposer de résistance à la masse d'une nation de vingt-cinq millions d'hommes, réunis en une seule république, une et indivisible. Il n'y a en Europe que les Français et les Anglais, qui puissent être mus par un patriotisme raisonné.

Revenons à la Prusse. Il est très-probable qu'outre les Etats qu'elle perd à la gauche du Rhin, elle sera obligée de céder encore aux Français Wézel; car ceux-ci ne peuvent pas laisser entre les mains d'un Souverain aussi puissant une place forte, qui, en cas de guerre, couperait la navigation du Rhin, et deviendrait une place-d'armes menaçante contre la Hollande et les Pays-Bas.

Les indemnités de ce Souverain doivent être nécessairement équivalentes à la valeur de ses cessions, à la grandeur de sa complaisance; et à sa puissance. La ville de Nuremberg et des arrondissements pris sur l'Evêché d'Aechstedt, sur l'Ordre Teutonique, et sur quelques misérables Villes Impériales, sur les quels objets la Cour de Berlin a fait, depuis quelques années, quelques tentatives, barrées par la Cour de Vienne, seraient de trop faibles dédommagemens.

La vraie politique de la France, que, d'après son plan de négociations, elle paraît bien concevoir, est d'éloigner de ses limites les deux principales puissances de l'Allemagne, et de les raprocher l'une de l'autre, pour que leur rivalité les arme continuellement l'une contre l'autre, qu'elles s'affaiblissent ainsi mutuellement, et ne puissent plus nuire à la France, soit qu'elle adopte un système pacifique, soit qu'elle suive le système de conquête, plus convenable à la pétulance d'un gouvernement démocratique, toujours agité, toujours au dessous de sa dépense; auquel l'état de guerre devient une existence nécessaire.

Comme il ne se trouve dans le reste de l'Allemagne aucune autre partie qui puisse former l'indemnité du Roi de Prusse, il est à présumer qu'elle sera établie dans le Nord, dans les cercles de Basse-Saxe et de Westphalie, qui présentent plusieurs villes libres, plusieurs souverainetés ecclésiastiques, et l'Electorat d'Hanovre, que les Français prétendent, très-certainement, enlever au Roi d'Angleterre; ce qui cependant n'est pas prudent.

A la vérité, le Nord de l'Allemagne paraît garanti de la perte de son intégrité, par un traité de neutralité, respecté jusqu'à présent, et par les déclarations du Roi de Prusse. Le sort de cette partie de l'Allemagne dépend absolument du caractère moral de ce jeune monarque, qui, dans ce moment critique, est soumis à une très-forte épreuve.

Quelle que soit la décision du combat intérieur de la morale du Roi de Prusse contre sa politique, il va incessamment, d'après l'incorporation de ses Etats à la gauche du Rhin dans la République Française, être forcé de se déclarer cathégoriquement pour ou contre l'intégrité de l'Empire; il va être ou le sauveur, ou le destructeur de la Constitution Germanique. On peut croire que cette Constitution vicieuse n'intéresse point les grandes puissances qui y sont liées, n'étant favorable qu'aux petits membres de cette association.

Mais est-il de la bonne politique de la détruire sur la proposition magistrale, et d'après les plans d'une Nation conquérante, qui séme autour d'elle la démocratie et la désorganisation? Cette aggrégation féodale n'est-elle pas l'égide de la Royauté? Ce partage arrangé par la force, ce changement involontaire de Souverains, n'agiteront-ils pas les peuples, cédés, troqués, vendus comme des troupeaux? L'esprit révolutionnaire, la connoissance des Droits de l'homme, le désir de l'égalité ne produiront-ils pas une commotion dangereuse, au milieu de cette révolution topographique sur laquelle les peuples ne sont pas consultés? Ne voit-on pas déjà cette agitation, très-naturelle, se propager dans les Etats de Baden, de Darmstadt, dans la Forêt-noire? L'exemple de la révolution subite de la Suisse n'est-il pas fait pour hâter les progrès de cet incendie?

Le Roi de Prusse se peut-il flatter d'avoir des moyens assurés pour empêcher la propagation du même esprit dans ses propres Etats? Ne doit-il pas plus craindre l'extention de la Démocratie, que desirer l'augmentation de territoire? Ne voit-il pas que la chûte du Corps-Germanique est le résultat d'un combat à mort de la Démocratie contre la Féodalité, et que, celle-ci détruite, il n'y a plus qu'un pas à faire pour l'extinction de la monarchie? Ne peut-il pas prévoir que cette Démocratie triomphante, appuyée par une nation impétueuse, qui tous les ans consacre, par l'anniversaire d'une tache nationale, le terrible serment de la haîne des Rois, profitera du trouble de cet injuste partage de l'Allemagne pour anéantir la Royauté, pour établir, par tout, le Gouvernement représentatif et municipal?

Mais si le Roi de Prusse n'accède pas au premier article, proposé par les Négociateurs Français à Rastadt, de céder à la France toute la rive gauche du Rhin, que préliminairement elle vient d'incorporer et municipaliser, article qui entraîne le partage de l'Allemagne et la destruction de la Constitution Germanique, il sera obligé d'entrer en guerre avec les Français. Qui en doute? Qui doute que le Roi de Prusse ne soit en ce moment entre deux grands dangers? Il doit consulter ses forces, son courage et ses principes. Le sort de l'Europe dépend de sa décision.

Nous n'avons pas à raisonner sur l'hypothèse de son refus et de la guerre qui en serait le résultat, parce que rien jusqu'à présent ne paraît annoncer cet événement. Supposons donc que forcé de céder aux circonstances, il consente au démembrement de l'Allemagne, et à la cession de la rive gauche du Rhin à la République Française; en ce cas, il sera amplement dédommagé. Set états, augmentés d'un tiers de la Pologne, et arrondis du côté de l'Allemagne, seront plus concentrés, et auront en apparence plus de force réelle.

Il continuera à être le protecteur du Nord de l'Allemagne, au moins jusqu'au Wéser. Il aura de grands intérêts et une grande influence sur le centre de l'Allemagne, par l'arrondissement ajouté à ses états d'Anspach, (s'ils ne les échange pas contre d'autres possessions pour former l'indemnité de la Maison des Deux-Ponts, ou de celle d'Orange). Vraisemblablement il lui restera peu de points de contact avec la République Française, par conséquent peu d'objets de contestation avec elle.

Ses Ennemis naturels seront la Russie, pour la Pologne, et sur-tout l'Autriche. L'inimitié entre la Prusse et l'Autriche sera toujours implacable, de cour à cour, de peuple à peuple. Elle est malheureusement fondée sur des torts réciproques, sur d'anciennes guerres, sur des jalousies nationales, et sur des défections, quand la politique les a alliées contre un ennemi commun. Les offenses sont graves, les ressentimens sont profonds ; les Français en ont profité, et en profiteront encore.

Mais le plus terrible ennemi du Roi de Prusse, celui qui fera des progrès encore plus rapides par la paix que par la guerre, celui qui ne se repose jamais, qui agit toujours, c'est la Démocratie : ni les trésors, ni les armées ne peuvent lui servir de barrière ; il épuise les uns, il séduit les autres ; il environne et pénétre par-tout les Etats Prussiens ; il assiége son trône, il en sape les fondemens, et ce Roi ne peut éviter d'être enseveli sous ses ruines, qu'en se retirant sous une tente, et en changeant son rôle de Souverain pour celui de Héros. Lui seul peut rendre le courage à la Nation Germanique avilie ; lui seul peut ramener l'opinion égarée sur la dignité royale, en montrant un *Homme-Roi.*

S'il prend ce parti sans perdre de tems, il peut encore sauver les Suisses, la Souabe, la Franconie des agitations démocratiques, qui s'y sont introduites ; il ralliera autour de lui la Russie, les Puissances du Nord, toute l'Allemagne, et cette Maison d'Autriche elle-même, qui n'a abandonné la cause publique que par épuisement, et après avoir été elle-même abandonnée lâchement. Il sauvera l'Angleterre; enfin, il sauvera l'Europe, les loix, la morale publique, la Royauté et lui-même; sinon, il sera une des premières victimes de la révolution démocratique, et il aura été l'artisan de son propre malheur.

Le salut de la Prusse et de son Roi réside dans une guerre générale contre la France, ou dans une paix universelle, qui stipule les intérêts fixes des quinze puissances, présentées rapidement dans ce tableau spéculatif. Cette paix ne peut être amenée que par les aprêts les plus sérieux d'une guerre générale, ou si la menace n'en suffit pas, elle en sera le résultat. Une fausse prudence a déjà donné le tems de révolutionner la Suisse, d'où le torrent démocratique va déborder sur l'Allemagne.

Quoique la prise de Malte n'influe point directement sur le sort de la Prusse, qui n'a ni commerce maritime, ni intérêt dans la Méditerranée; les suites de cet événement peuvent devenir très importantes pour cette Puissance, en préparant l'insurrection de la Pologne, que la Russie peut seule prévenir, en se hâtant d'écraser *Pas-wan-Oglou.* Les succès de ce rébelle sont un facheux avant-coureur du mouvement révolutionaire, qui menace les nouveaux états du Roi de Prusse. Tous les mécontents Polonais qui n'ont pas pû se jetter dans l'armée d'Italie se sont rassemblés autour de ce pacha révolté, et c'est à eux qu'il doit ses victoires. Quelque soit le sort de cet avanturier, ces Polonais se séront aguerris, ainsi que ceux qui auront combattu sous *Buonaparte:* Lorsqu'ils reviendront dans leur patrie, ils formeront le fonds d'une armée, qui s'augmentera de tous leurs compatriotes enrôlés forcément dans les armées des trois puissances qui ont anéanti leur existence nationale. Mais les principes de liberté et d'égalité, que tous ces Emigrés auront puissé hors de leur patrie, seront encore plus dangereux que leurs bras.

Ces trois Puissances ont un intérêt plus fort que jamais à se réunir. Leur salut exige qu'elles oublient leurs jalousies, et qu'elles agissent de bonne foi pour la cause des Rois, sans quoi la Démocratie, qui travaille incessament à attiser leur désunion, les détruira l'une par l'autre.

Pendant que la France donne l'exemple d'une révolution, qui nécessiterait un changement dans les opinions et la conduite politique des Souverains, que la cruelle catastrophe de Louis XVI devrait effrayer, les Cours continuent à être soumises à l'étiquéte, les cabinets à la routine.

Les ministres du Roi de Prusse, habitués à l'oposition qui subsiste depuis soixante ans, entre Berlin et Vienne, partent toujours de ce principe vicieux, et ne voient d'ennemis que les ministres Autrichiens. On pense, on agit de même à Vienne. On croit à Berlin imiter la conduite du grand *Frédéric*, et suivre son systême politique, en restant constament opposé à la maison d'Autriche, sans réflechir sur l'énorme différence des circonstances. Si ce modéle des Rois existait, la guerre contre la France n'aurait pas été entamée, ou elle aurait été conduite avec plus d'action et d'énergie.

Dans la conférence de Neiss le 13 Août 1769, il disait à l'Empereur Joseph II. alors Roi des Romains, *que l'union était nécessaire enre ces deux maisons trop long-tems ennemies, dont l'intérêt national était de s'entreseconder, au lieu de s'entre détruire.* L'union la plus étroite subsistait alors dans toute sa force entre Vienne et Versailles. Le grand *Frédéric* ne pouvait en affaiblir le danger pour la tranquillité de l'Empire qu'en proposant une alliance étroite entre les deux maisons.

La Révolution Française a brisé, à la vérité, les liens qui unissaient l'Autriche avec la France; si cette révolution n'avait agi que sur la France seule, si elle n'avait pas amené le renversement du trône Français et la conjuration contre toutes les autoritées constitutées de l'Europe, même les républiquaines, on aurait pu suivre sans autant de danger à Vienne et à Berlin la routine de haîne et de jalousie réciproque. Mais aprésent c'est courir à sa propre perte que de rester fidéle au principe d'opposition.

D'après ce que proposait le grand *Frédéric* en 1769, on peut juger ce qu'il aurait fait dans la crise actuelle de l'Europe. Il aurait rallié les rois et les peuples autour de son génie. Bon Roi, grand philosophe, il détestait la guerre, après l'avoir faite en héros. Il sçavait que les Rois sont criminels quand ils sacrifient le sang des peuples et leurs propriétés à leur ambition personnelle; mais il sçavait aussi qu'ils sont coupables quand ils déclinent une guerre nécessaire. En conséquence il prit les armes en 1778, pour empêcher le *démembrement de l'Empire*. Il entreprit cette guerre contre l'ambition: que n'aurait il pas tenté contre l'anarchie? Il eût été le boulevard des loix et de l'ordre social. Voilà le vrai modéle à suivre!

Au reste la politique, plus que jamais, dépend des circonstances, plus que jamais les circonstances sont imprévues. Le Directoire Français, qui a dirigé la marche de *Buonaparte*, ne peut pas prévoir où aboutiront ses expéditions. Lui même ne peut pas préjuger jusqu'où il sera entrainé par ses succès, ou par ses revers. Il n'y a qu'une catastrophe qui puisse l'arrêter, et les Héros ne les calculent pas.

Le voilà enfourné dans les mers du Levant, poursuivi, peut être atteint par l'Amiral *Nelson*, ou bravant tous les fléaux tous les obstacles phisiques, aux quels il doit naturellement succomber, pour s'enfoncer dans l'Asie, par conséquent séparé, pour plusieurs années, et peutêtre pour toujours de l'Europe. Ce sont quarante mille guerriers éprouvés, de bons généraux, la moitié de sa marine et un numéraire considérable que le Directoire sacrifie à ses projets, au moins, gigantesques.

Il semble que cette circonstance devrait donner un nouveau cours aux négociations de la paix continentale. Il semble qu'elle devrait rendre plus insuportables aux grandes puissances de l'Empire le ton tranchant, les menaces réitérées des Plénipotentiaires Français, les aprêts militaires formidables avec les quels ils soutiennent leurs négociations impérieuses. Il semble que cette circonstance devrait rendre le Directoire Français plus modéré, et les membres du Corps Germanique plus énergiques et plus unis. C'est en conservant le ton de l'aggression que le Directoire conserve sa supériorité; si les Puissances profitaient à leur tour de la circonstance favorable pour le prendre, tout l'avantage serait de leur côté.

Le Roi de Prusse ne peut pas être sûr de pouvoir tenir au système pacifique, quelque desir qu'il en ait. Il peut en ce moment sacrifier la sûreté de l'Allemagne, en cédant sur la démolition d'Ehrenbreitstein, et sur l'occupation des têtes de pont du Rhin et du Mein; il peut, conjointement avec les Français et les Autrichiens, détruire l'Empire Germanique, dépouiller les Souverains Ecclesiastiques et les villes Impériales, et s'aggrandir momentanément aux dépens des plus faibles. Il peut voir avec indifférence la destruction de l'Italie et de l'Empire Ottoman, peut être la désorganisation de l'Angleterre et des Etats Unis de l'Amérique, la démocratisation de l'Espagne, du Portugal et de la Suisse.

Il aura conservé la paix, et il sera accablé de louanges perfides par sa Cour et par ses académies. On lui dira que toutes ces révolutions ne l'atteignent ni lui ni ses peuples, que ses Etats restent intacts, que sa puissance est augmentée, par une plus grande étendue de territoire; que son peuple est le seul préservé par sa prudence. On le bercera de tous les lieux communs sur le bonheur de la paix.

Voici ce qu'opposerait à toutes ces flatteries un conseiller véridique et philantrope. »Les mauvais Rois succombent quelque fois sous la vengeance des peuples, les bons rois sont souvent victimes de leur ingratitude. Voyez Henri IV, Louis XVI et tant d'autres. Justice et fermeté sont les deux appuis du trône. Contenir l'ordre dans l'intérieur de l'état, repousser les attaques extérieures, les prévenir même s'il le faut; tels sont les devoirs qu'impose la Couronne, t'elle est la vraie bien faisance des Rois.«

Le Roi de Prusse n'ignore aucune des maneuvres que la Démocratie emploie, avec acharnement, pour amener ses peuples à l'anarchie revêtue faussement du nom de liberté. Il ne peut pas contreminer ces démarches obscures et toujours renaissantes, quoiqu'il les connaisse toutes. Le jour où l'on signera la paix continentale verra éclorre les germes d'une guerre encore plus terrible. Si une paix trompeuse le séduit aprésent, son illusion ne sera pas longue. Le tems viendra bientôt où ses dangers seront augmentés au point de lui faire regarder la guerre comme son seul refuge.

Mais alors il lui deviendra plus difficile de reprendre les armes pour repousser un ennemi invisible qui aura fait des progrès effrayants, et qui sera plus puissant que lui dans le coeur de ses états et dans sa capitale. La Propagande démocratique aura étendu ses missions, et empesté l'opinion publique. Les succès justifieront les crimes du Directoire Français, égareront les nations, et les rendront susceptibles des mêmes excès. Le bienfait même de la paix sera regardé comme un acte de faiblesse; On la reprochera à ce bon Roi. La désorganisation se sera glissée dans toutes les parties du Gouvernement. Il ne sera environné que d'ennemis, ou d'anarchistes. Les peuples, pour les quels il se sera sacrifié, peutêtre ses propres troupes! . . . Sa bienveillance même tournera contre lui.

Alors quelle ressource trouvera t'il au dehors? L'Autriche lutera contre le démon révolutionaire, ou liée à la France par la complicité de nouvelles usurpations, elle combattra son ancien ennemi; ou le Roi de Prusse sera aidé par la France contre l'Autriche. Ces deux puissances, victimes de leur haine mutuelle, de leur vieille erreur politique, dupes de la paix et du machiavelisme démocratique des perturbateurs de l'Europe, se détruiront l'une par l'autra, ou seront détruites l'une après l'autre, et l'anarchie sera completée.

CHAP. III.

L'Empire Germanique.

Rien ne peint mieux ce Corps Politique que les premiers vers de l'Art poëtique d'Horace. Un droit public incohérent, aussi volumineux que les Fractions de Souveraineté sont multipliées, appuyait cet édifice gothique, dont l'architecture ne pouvait pas soutenir le coup-d'oeil de la raison. Son antiquité; le peu d'activité des peuples voisins, la faiblesse et l'inertie de ses différens états, le contre-poids que la Maison de Brandebourg avait établi pour empêcher la Maison d'Autriche de tout envahir, ou ponr partager également avec elle; la lutte égale de deux sectes chretiennes qui divisent à peu près également l'Allemagne, assuraient l'existence de la Constitution Germanique, dont les divers Souverains se trouvaient rangés sous les deux bannières de l'Autriche et de la Prusse. Des guerres politiques agitaient périodiquement cette contrée pour des intérêts de Cours ou de familles; car ceux des peuples n'entraient pour rien, ni dans ces guerres, ni dans les traités de paix qui les terminaient.

Il existait si peu d'esprit-public et de patriotisme dans cet assemblage informe, que lorsqu'une puissance étrangère était en guerre avec l'Empire, c'était dans l'Empire même qu'elle trouvait les alliés les plus actifs et les troupes auxiliaires les plus nombreuses. L'Allemagne est une pépinière de soldats. Les deux grands Souverains qui sont à la tète du Corps. Germanique entretiennent des armées disproportionnées à la population de leur états, et à leur richesse numéraire. Les petits Souverains se vendent, ou vendent leurs sujets à ces deux grandes puissances, ou aux puissances étrangères. Mais lorsqu'il s'agit de réunir la nation la plus belliqueuse de l'Europe pour la défense de ses foyers et de sa constitution, on est sûr de ne pouvoir donner aucun ensemble à ce corps divisé par des intérêts opposés, par des jalousies et des haines de peuple à peuple.

La Révolution Française a dévoilé le secret de la faiblesse du Corps-Germanique. Ses membres se sont mal coalisés, ont mal concerté leurs opérations, se sont mutuellement abandonnés, dès que l'intérêt particulier, bien ou mal entendu, s'est trouvé en opposition avec l'intérêt général. Les armées Françaises ont envahi toute la rive gauche du Rhin, ont porté dans le centre de l'Empire la désolation et le ravage, et y ont laissé derrière elles la honte chez les Souverains, et l'esprit révolutionaire chez les peuples.

Toute l'Allemagne a déposé les armes, et demande humblement la paix. Un Congrès, qui éternisera la honte du Corps-Germanique, et qui sanctionera sa destruction, est assemblé à Rastadt; les armées allemandes, en conséquence d'une suspension d'armes, se sont retirées à plus de trente lieues du Rhin, pendant que les Français occupent la Wétéravie, parcourent la Westphalie, mettant à contribution les pays neutralisés par l'armistice, dont ils ne conviennent pas; environnent ce malheureux Congrès, se sont emparés de Mayence, de Manheim, de l'Evêché de Bâle, et menacent de se porter à de plus grandes violences, si les Plénipotentiaires de l'Empire, occupés depuis plus d'un mois à disputer entr'eux sur des formalités, ne se pressent pas de prendre pour base des négociations la cession à la France de la rive gauche du Rhin: condition qui entraîne le partage des souverainetés de l'Empire à titre d'indemnité.

Tout le monde a trouvé que cette indemnité était facile, en détruisant les Souverainetés Ecclésiastiques, et en partageant leurs états entre les Princes Laics susceptibles d'indemnités. C'est le dernier coup porté à la religion catholique, et il est porté par la Maison d'Autriche! . . Comme le gouvernement de la terre n'est pas un droit divin, il était tout simple que cette Théocratie fût anéantie à la fin d'un siécle philosophique, qui a porté son audace beaucoup plus loin: mais il est singulier que pour remédier aux pertes occasionnées par la révolution Française, on imite l'exemple de cette révolution, en dépouillant le Clergé.

Une seconde espèce de Membres de l'Empire, dont l'existence était miraculeuse au milieu de ce cahos féodal, ce sont les Villes libres, Impériales, ou Anséatiques, au nombre de cinquante-une. Rien n'honore plus la modération du caractère allemand que la tranquillité dont elles jouissaient au travers des guerres d'ambition qui ont si souvent dévasté l'Allemagne. On doit admirer que la féodalité n'ait pas asservi ces petites Républiques, ou qu'aucune d'elles ne se soit élevée sur les débris de la féodalité. Il était réservé à cette époque métaphysique, en prêchant les droits de l'homme, de renverser ces institutions fondées sur la liberté et sur le droit de propriété le plus sacré. Leur intérêt ne touchera personne; ce ne sont que des peuples.

Ce seront-là vraisemblablement les secondes victimes du système de partage, et chacune d'elles ira se fondre dans les possessions d'une des grandes puissances à indemniser, selon sa convenance. On peut prévoir aisément que ce sera une mauvaise acquisition que celle de villes désespérées d'avoir perdu leur liberté. Les plus grandes, les plus riches seront les plus difficiles à plier sous le joug. Non seulement elles conserveront, mais elles propageront l'esprit de liberté et d'indépendance, dont le génie révolutionnaire se servira pour renverser les trônes.

Laissons-là la Constitution Germanique, ses Etats Ecclésiastiques, ses villes libres, qui vont être anéantis par la paix de Rastadt, si elle a lieu. Le titre d'Empereur ne sera plus qu'une vaine dignité, et tombera même en desuétude. L'Allemagne se trouvera partagée en sept Maisons souveraines; Autriche, Prusse, Hesse, Saxe, Palatin, Wurtemberg et Brunswick. Chacune de ces sept planétes sera environnée de plus ou moins de satellites, qui sembleraient destinées à venir, à la longue, se fondre dans leur planéte respective pour l'alimenter.

Chacun de ces sept Souverains se trouvera un peu plus fort qu'il n'était, mais comme il y aura plus d'objets de discorde, comme il n'y aura plus de point de réunion, comme la Diète de l'Empire, qui était une espéce de tribunal des Amphictions, n'existera plus, ou sera méprisée;

comme le droit-public de l'Allemagne, entièrement violé par la paix de Rastadt, n'arrêtera plus l'ambition particulière, les guerres se succéderont plus rapidement ; elles seront suscitées et alimentées par la politique française.

L'Allemagne sera plus éloignée que jamais de former un corps solide, et les Allemands de former une nation. Cette contrée redeviendra le théâtre de l'ambition et du fanatisme politique. Les Souverains, placés sur les frontières de la république française, seront ses alliés, comme les rois de Pergame et de Bithynie l'étaient des Romains, comme le roi de Sardaigne et la république Batave le sont des Français ; on employera leurs troupes contre les autres Souverains de l'Allemagne, comme les Espagnols et les Piémontais contre l'Angleterre et l'Autriche.

Voilà pour l'Allemagne l'hypothèse la plus favorable des sonséquences funestes de la paix que l'on propose de faire à Rastadt, mais un autre résultat bien plus probable commence à percer. Le génie révolutionnaire rompra, peut-être incessament, tous les arrangemens de la politique française.

Les peuples de l'Allemagne refuseront d'accéder à un systême de partage. Menacés de changer de Souverains, sans avoir été consultés, ils préféreront la liberté et surtout la démocratie, à l'exemple de ce peuple triomphant, qui décide si impérieusement de leur sort. Le secret est tout trouvé. Les gardes-nationales, les municipalités, le gouvernement représentatif, le pillage des biens du clergé, l'expulsion des nobles, le tout fondé sur l'égalité, bien ou mal entendue; il ne faut qu'un tour de main et quelque démagogues hardis pour révolutionner une province, en un clin d'oeil.

Il existe à présent une propagande révolutionnaire très-active et plus expérimentée qu'autrefois. Ses différens foyers sont en Italie, en Suisse, tout le long du Rhin et dans toutes les capitales. La paix va lui ouvrir de nouveaux débouchés; elle va s'assurer des places-d'armes dans le centre-même de l'Allemagne. Hambourg dans le Nord, Francfort et Augsbourg seront les écoles révolutionnaires, d'où les essaims des missionaires se répandront rapidement autour des Souverains de l'Allemagne, qui, pour avoir détruit eux-mêmes leur constitution, faible mais imposante, avec autant de pusillanimité que d'injustice, seront facilement renversés par leur propres sujets. La proclamation de l'ambassadeur Mengaud aux Suisses annonce que les Français s'engageront sur le champ à soutenir tous les peuples, qui réclameront leur appui, pour conquérir la liberté démocratique. Que deviendra alors l'Allemagne ? On voit ce que commence à être l'Italie.

Quel reméde à ces maux menaçans? La rupture des conférences honteuses de Rastadt; une guerre nationale, de l'union, et un *Homme-Roi*, qui reléve l'Aigle Germanique, sans autre ambition que de sauver sa patrie; ou bien la paix universelle de l'Europe, prévenant cette guerre, ou la terminant.

La plupart des petits Etats du Corps Germanique sont entiérement imprégnés de démocratie: les villes libres sont le repaire de nombreux Clubs: Les Capitales des principaux souverains sont inondées de propagandistes: tous ces conventicules, sous des formes très variées, concourent au même but: partout on veut révolutioner: la fermentation est générale, et elle s'étendra encore plus facilement en tems de paix, par ce que la communication sera plus libre.

Les Idées d'égalité ont séduit tous les hommes, sur tout dans un païs où l'inégalité était appuyée sur un systême féodal vexatoire. Ce sentiment, inné dans l'homme, lui donne du penchant à la Démocratie. Dans cette espéce de gouvernement les hommes se croient tous égaux, par ce qu'ils sont tous libres.

Démocrates de tous les païs, consultez votre apôtre, que vous avez travesti pour excuser vos excès. Voici ce que dit ce *Jean Jacques*, qui serait mort de chagrin, s'il avait été témoin de votre cruelle frénésie. *L'égalité sociale est conventionelle, elle rend nécessaires le gouvernement et les loix.* L'égalité n'est dont que relative dans l'état social, elle n'est absolue que dans l'état de nature. Mais la masse du peuple ne peut pas atteindre à une métaphysique aussi pure; il ne peut avoir qu'une idée fausse et exagérée de l'égalité; celle qu'il affecte détruit toute subordination. Ainsi dans la Démocratie il n'y a point réellement de gouvernement. Ecoutez un autre de vos apôtres, *Voltaire*.

Le pire des Etats est l'état populaire!

On ne pourrait pas citer en France une ville, qui n'éprouve à tous moments les cruautés du despotisme, ou les convulsions de l'anarchie. Comme le peuple interpréte toujours mal sa souveraineté, ainsi que son égalité, ou il obéit aveuglément à ses Démagogues, ou il les tyrannise: il est également dangereux, soit qu'il rampe devant ses gouvernants, soit qu'ils rampent devant lui.

Les Démagogues ne peuvent jamais être sages, ils seraient trop disparates avec le peuple qu'ils prétendent gouverner. *Jean Jacques* dit aussi: *tu dépens des préjugés de ceux que tu gouvernes par les préjugés, pour les conduire comme il te plait, il faut te conduire comme il leur plait.* La versatilité et l'inconstance sont donc les vices du gouvernement populaire, par ce qu'ils sont les vices du peuple. On ne peut y espérer ni solidité, ni tranquillité. C'est cependant là le gouvernement qui séduit les peuples, par ce qu'il les conduit à la licence, et les affranchit des loix sociales, dont la privation les améne à l'anéantissement du frein religieux, et de là à l'anarchie et à la confusion.

Lors qu'une contrée est agitée par des opinions démocratiques, lors que ces opinions sont continuellement renforcées par les prédications d'une foule d'incendiaires, qui n'attendent pas même la paix pour se répandre dans cette contrée, il est très dangereux d'y opérer le grand bouleversement, résultat nécessaire de la paix, qu'on veut signer à Rastadt.

Cette suppression illégale de Souverainetés, quelqu'abusives qu'elles pussent paraître, cette cession de peuples, de villes libres, pour aggrandir, ou indemniser, des souverains, qui ont déjà acquis, pendant le cours de la guerre, des augmentations de territoire, cet abandon de la cause nationale, de l'intérêt des peuples, cette décision prononcée sur leur sort sans les consulter, la manière même dont cette humiliante négociation est conduite; cette réunion d'irrégularité, de faiblesse, d'égoïsme ne peut qu'aliéner les nouveaux sujêts de chacun des Souverains, qui représenteront à l'époque de la paix le fantôme d'Empire qu'ils auront détruit. Il est à craindre que des mouvements révolutionaires, des délits sociaux, des punitions sévéres, des guerres civiles, ou au moins entre les Copartageants, ne déchirent la malheureuse Allemagne, déjà épuisée par une guerre injustement entreprise et mal conduite, contre une nation exaltée par la liberté.

Tels doivent être les fruits de cette paix; et elle sera courte. Plusieurs des petits peuples absorbés par les grandes puissances se révolteront ouvertement, apelleront les Suisses ou les Français, les uns ou les autres appuyeront ces peuples, qui seront de nouvelles recrues pour la Démocratie. La révolution de la Suisse a commencé par le petit païs de Vaud, qui s'est formé en république, sous la protection du Directoire Français. Un Baillage, une ville d'Allemagne n'ont qu'à s'insurger, se municipaliser, aussitôt tous les démocrates voisins accourront à son secours, et le Directoire de Paris, la nouvelle capitale de l'Europe, les prendra sous la protection de la grande Nation.

Certainement rien ne serait plus raisonable, en toute autre circonstance, pour donner une existence nationale au Corps Germanique, que de changer la forme de ses Souverainetés, en diminuer le nombre, pour leur donner plus de force; supprimer les gouvernements Théocratiques d'Evêques, d'Abbés, de moines; diminuer le nombre des villes impériales, dont plusieurs ne sont ni assez grandes, ni assez peuplées, ni assez commerçantes, pour former des Etats séparés, ne laisser en Républiques que les grandes villes, dont le commerce enrichit l'Allemagne, et dont la sujétion à un Souverain diminuerait, ou éteindrait l'activité et l'industrie sous le joug de la fiscalité, ou du gouvernement militaire; partager l'Empire en cercles plus égaux, en autorités plus directes et plus concentrées; faire des arrondissements, des aggrégations, des échanges, qui donnassent à chacune des souverainetés plus d'ensemble dans sa conformation Topographique; soumettre tous ces différents états, mieux distribués et renforcés, à des loix générales, qui établissent une conformité nationale dans l'exercice de la justice, dans les poids et mesures, dans les monnoyes, dans la confection des routes et autres ouvrages publics; qui soumettent irrévocablement les discussions des divers souverains du Corps Germanique à la décision du tribunal de l'Empire, sans qu'aucun d'eux puisse se permettre d'abuser de sa force contre les plus faibles; assurer la défense commune par des contingents mieux réglés; enfin faire, plier, en toute circonstance, l'intéret particulier et la politique de chaque Souverain à la dignité et l'intégrité du Corps Germanique.

Tel a été, dans le, principe le but de l'association des Co-Etats formés par la nation Allemande. Cette machine, trop compliquée, est devenue trop faible, simplifiée elle serait encore bonne. C'est, sans contredit, l'ensemble de ces grandes vues d'utilité qui légitime, ou excuse, les arrangements aux quels se prêtent, presque forcément, les Souverains de l'Allemagne, pour procurer à l'Empire le bénéfice de la paix.

Mais cette grande opération, dont la nécessité couvre peutêtre l'irrégularité, ne présente que des dangers et des piéges, lors qu'elle est impérieusement proposée par un ennemi spoliateur. Certainement lors que le Directoire Français dicte les conditions du changement que doit subir l'État politique de l'Allmagne, son intention n'est ni de le purifier, ni de le renforcer. Lors qu'il prescrit les sécularisations, les partages, les indemnités, ce n'est que pour faire sanctioner par les représentants du Corps Germanique, à Rastadt, son usurpation du tiers de l'Empire, sapper la religion catholique par l'anéantinement des puissances ecclésiastiques, et semer dans ce qui restera de l'Allemagne la confusion, le mécontentement, et par suite l'esprit d'anarchie et de démocratisation.

Telle est la marche révolutionaire dont les Français ne peuvent plus s'écarter, tant que durera la forme actuelle de leur gouvernement. Ils ne déguisent point leurs facultés à cet égard: non seulement leurs journaux, mais leurs ministres en païs étranger, annoncent que quiconque ne voudra pas accepter la paix qu'ils dictent, on voudra recommencer la guerre, sera révolutionné. Ils annoncent qu'ils tiennent le sort de chaque souverain dans leurs mains, et que son existence dépend de leur modération. Et les Souverains ont l'air de croire à la modération d'hommes à qui on fait jurer la haîne des rois plusieurs fois par an; qui fondent et entretiennent dans toute l'Europe des Clubs agitateurs, dont les membres, dans leurs orgies, boivent, avec frénesie à l'extermination de tous les souverains; qui réclament, avouent, protégent publiquement les séditieux que les souverains font arrêter pour crime de lêze-société; qui accueillent, reçoivent citoyens, emploient, les avanturiers, les perturbateurs, les criminels de toutes les nations, pourvu qu'ils fassent parade d'opinions démocratiques!

Il faut avouer que la forme constitutionelle de l'Empire germanique était essentiellement mauvaise: elle exigeait, sans contredit, de grandes réformations. Mais est ce en renversant tout, en échangeant et vendant les territoires et les peuples, qu'on prétend réparer les maux résultants de cette gothique constitution?

Les Français ont conquis la gauche du Rhin, ils ont acquis, au prix de leur sang, la faculté, et non le droit, de disposer du sort de ces peuples qu'ils ont détachés de l'Empire. Mais aucun des membres de l'Empire, ni en particulier, ni collectivement, n'a le droit de dire à ces malheureuses victimes d'une guerre mal faite, VOUS N'ÊTES PLUS ALLEMANDS.

Que l'Empire céde à la nécessité, qu'il abandonne, pour un tems, la défense de ses compatriotes, de la rive gauche du Rhin, qu'il plie sous la loi, du plus fort, il n'y a rien à dire. Mais à quel titre les Allemands de la droite du Rhin ôsent ils transiger sur le sort des Allemands de la rive gauche? aucun des Souverains du Corps Germanique n'a droit de signer une pareille transaction, pas même ceux qui sont lèzés par cette conquête. A plus forte raison les transactions pour s'indemniser aux dépens des plus faibles, de leurs Co-Etats sont elles injustes et nulles en droit.

Si l'Empire existe encore à la droite du Rhin, chaque Souverain, chaque Co-Etat, sous quelque forme qu'il existe, doit rester à la paix, *in statu-quò*, sous l'égide de la Constitution Germanique. La force n'est pas un droit, la faiblesse n'est pas un crime. Chaque Souverain est intéressé, pour sa propre légitimité, pour sa propre sûreté, à la conservation de ses Co-Etats.

Si l'Empire n'existe plus, chaque peuple, chaque ville libre a le droit de faire une nouvelle Convention sociale.

Dans ces deux Hypothêses il ne peut résulter du nouveau partage de l'Allemagne que confusion, anarchie et guerre intérieure. Les convenances Topographiques ne sont pas un droit, ces convenances ne peuvent amener que des discussions, par ce qu'elles ne peuvent jamais être bien égalisées entre les Co-partageants, et qu'on ne se donne pas la peine de sçavoir d'avance si elles conviennent aux peuples troqués, partagés, supprimés.

Ces arguments sont fondés sur la justice éternelle et immuable, qui confondra toujours la fausse politique des hommes, et qui est le seul apui solide des transactions sociales. D'après cela il n'est pas facile de concevoir comment on parviendra à dresser, et surtout à justifier le traité pour la paix de l'Empire. Quelque soient les clauses qui y seront stipulées, la Nation Allemande ne peut perdre aucun de ses droits; si jamais elle fait Corps, si elle acquiert assez de force pour les faire valoir, elle sçaura, malgré tous les sophismes des conciliants publicistes, qu'ils sont imprescriptibles. Ces vérités feront encore couler long-tems le sang des hommes, et ne les rendront ni plus sages, ni plus justes.

CHAP. IV.

La Suisse.

La Suisse est le boulevard et la clef de l'Allemagne: son système fédéral, la variété des ses différens gouvernemens, la petitesse de ses différens états, neutralisaient la force de cette nation belliqueuse, qui ayant perdu, par les révolutions de la France, de la Hollande, de Venise, de Gênes, un débouché lucratif pour trente-mille de ses guerriers, se trouve un excédent de jeu[illegible]sse très-dangereuse.

Tant que le gouvernement Français a laissé les Suisses en paix, ils n'ont point ressenti cette surcharge, parce que les dépenses des Emigrés et les fournitures et livraisons aux armées ont répandu dans le pays un très-gros numéraire, et ont tourné toute l'activité nationale vers le lucre et les opérations mercantiles. Mais tout est bien changé. La Propagande révolutionnaire travaille les esprits depuis six ans. Les succès de *Buonaparte* et ses menaces ont porté l'effroi chez les gouvernans. L'aristocratie est tremblante, la démocratie s'agite, et veut sortir de l'état de dépression, où elle a été tenue jusqu'a présent avec assez d'injustice. Tout le monde connaît le despotisme qu'exercaient Fribourg sur les Gruyeriens, Berne sur le Païs de Vaud, l'Abbaye de St. Gal et le Canton de Zurich sur leurs paysans, les Grisons sur la Valteline, etc.

Le Gouvernement Français a commencé par arracher Porentruy à l'Evêque de Bâle; Les Suisses n'ont rien dit. Dèslors on a prédit la chûte du gouvernement Bernois.

Ensuite les Français ont révolutionné Genève, au point d'en faire un faûbourg

St. Antoine: même silence des Suisses. Alors on a prédit que *Genève serait le pont par où la Monarchie rentrerait en France, ou bien l'anarchie se répandrait en Suisse.*

Depuis, la Valteline s'est soulevée contre ses grossiers souverains: même silence des Cantons.

Enfin, le gouvernement Français, qui voit l'Allemagne à ses genoux, juge que la *poire est mûre;* et négligeant les démarches lentes et une conduite méthodique, il prend à la fois le reste de l'Evêché de Bâle; il prend sous sa protection le Pays de Vaud qu'il révolutionne, et il demande aux Suisses de l'argent, en même tems qu'il sème le trouble et l'esprit d'innovation et d'anarchie dans les principaux Cantons.

Les voilà poussés à bout, et menacés. Qu'en résultera-t-il? Ou ils prendront les armes pour se garantir d'une révolution démocratique; alors ils seront cernés et attaqués; Soleure et Fribourg par l'Evêché de Bâle; Berne par le Pays de Vaud, pendant que les Gallo-Cisalpins arriveront par les lacs de Wallenstadt et Zurich, et qu'une autre colonne débouchera sur le centre du canton de Berne par le mont St. Gothard.

C'est l'affaire d'une campagne de six semaines, si les Suisses, réduits à eux-mêmes, ne peuvent espérer d'aucune puissance, ni diversion, ni secours. Alors la Suisse sera ruinée, anarchisée. Ou bien les Suisses, sentant leur faiblesse, et désunis entr'eux, obéiront à tout ce qu'exigera le Directoire. Alors il se dépouilleront de tout le numéraire qu'ils ont amassé, avec plus d'avidité que de prévoyance, au travers de toutes les calamités de la France. Alors toute aristocratie sera bannie de leurs gouvernements. Le Pays de Vaud sera libre, ou comme petite république, ou réuni à Genève, ou incorporé à la France, parce qu'il parle Français. Peut-être même le Directoire Français poussera-t-il l'extention d'incorporation jusqu'à Fribourg et Berne, et donnera-t-il à la grande république de ce côté, le Kandell et l'Aar pour limites. Supposons-même qu'on se contente de s'assurer du Pays de Vaud, soit comme république séparée, soit comme département Français, la France ne tiendra pas moins sous sa dépendance la Suisse entière démocratisée, par conséquent propre à tout ce qu'elle en voudra faire par la suite.

En démocratisant et ruinant les Suisses, le Directoire Français leur rendra leur activité et leur énergie militaire ; il se donnera une avant-garde très-belliqueuse pour son projet, toujours suivi avec constance, du révolutionnement de tous les peuples, et d'éxtinction de toute souveraineté, autre que la populaire. La Suisse n'est plus ce pays sauvage, hérissé de montagnes impraticables, où une poignée de paysans pouvait arrêter une grande armée. Les victoires gigantesques des Suisses tiennent à la topographie autant qu'à la valeur de ces héros agrestes. Les Suisses ne sont plus les mêmes hommes, leur pays n'est plus le même. Leurs montagnes cultivées sont garnies de villages riches ; à l'exception de quelques glaciers, des grandes routes, comme celles de France, procurent des communications faciles avec leurs principales villes, et ouvrent le pays en tout sens, des frontières jusqu'à son centre. L'artillerie la plus grosse peut rouler partout : il n'y a pas un défilé, pas un bois, depuis la superbe route de Genève jusqu'à Schaffhausen ; de cette croisière à Zurich ; de Zurich, à Constance. Ainsi dans la première guerre que les Français auront avec cette Maison d'Autriche, que la crainte des dangers présens aveugle sur de plus grands dangers futurs, les Français partiront de la Suisse, devenue leur place-d'armes, au lieu de partir des bords du Rhin, déboucheront par Schaffhausen et Constance, et les Gallo-Cisalpins par le Tyrol et le Frioul, et les premiers incorporeront avec eux une infanterie nombreuse et excellente des Suisses, chassés de leur pays par la misère, électrisés par la démocratie, ennemis des rois et amateurs de nouveautés.

Voilà certainement le résultat de la querelle des Suisses, puisque l'Allemagne, effrayée, presqu'abrûtie par l'égoisme, les abandonne à leur sort, et ne prévoit pas que la Suisse, telle qu'elle est, est l'égide de l'Allemagne, diminuée d'un tiers, et menacée révolutionnairement dans tous ses points de contact avec la France. Voilà certainement le grand plan du Directoire Français dans la querelle qu'il cherche aux Suisses. Ceci n'est point une probabilité, point une hypothèse; c'est une série de conduite et de faits sous les yeux de toute l'Europe, et l'indiscrétion démocratique, sur-tout celle des Français, ne laisse aucun doute à cet égard.

Il paraît, d'après le serment de la ligue Helvétique, renouvellé à la Diète d'Arau, le 25 Janvier, que les Suisses connaissent les dangers de leur situation, et qu'ils desireraient s'y soustraire, sans lézer leur honneur et leur liberté.

Bâle seul a rompu son alliance, et a très-mal fait; car à présent cette petite république ne tient plus à aucun corps politique, et sa position locale à la rive gauche du Rhin lui annonce qu'elle doit être infailliblement incorporée dans la république Française, comme celle de Mühlhausen. Genève doit s'attendre au même sort, et doit entraîner le Pays de Vaud.

Mais la république de Bâle, en commettant cette faute, qui doit l'anéantir, a donné aux autres Cantons de la Suisse un très-bon exemple, en admettant aux droits de citoyens ses sujets de la campagne, et en rétablissant l'égalité légale, la seule bâse solide de tout gouvernement républicain, et même de toute monarchie bien constituée. Rien n'est plus contradictoire avec l'existence républicaine que l'aristocratie de plusieurs cantons, et la sujetion dure dans laquelle presque tous tiennent un certain nombre de Baillages, qu'ils ont acquis en différens tems par le droit des armes, et qu'ils ont toujours refusé de faire participer au droit de cité, pour le quel eux-mêmes ont si vaillamment combattu.

Si les Cantons, qui sont dans ce cas, ont la sagesse de suivre l'exemple de Bâle, en le modifiant, ils fermeront la porte au démon révolutionnaire qui les agite; ils augmenteront leur force réelle, en se donnant plus de citoyens, en se formant une constitution plus simple, plus juste, plus dans la nature. Ils inspireront la confiance et le respect à tous leurs voisins, et ils redeviendront le boulevard de la liberté, et sur-tout la digue de l'ambition. Ils seront alors, en se tenant bien ensemble, les arbitres du sort de l'Allemagne et le point de ralliement des opprimés.

Cette mesure de réforme ne doit et ne peut être prise dans la Diète générale. Elle entraînerait des débats et des dangers; chaque Canton doit avoir le bon esprit de l'exécuter de lui-même, *proprio motu*, avec bonne-foi et vigueur. Les réclamations des baillages en servitude sont justes; leur opposition à la loi du plus fort est naturelle. Si les Cantons veulent s'entêter, les sujets trouveront des secours extérieurs, la Suisse sera envahie par la France, et déchirée par une guerre civile. Le peuple, jusqu'à présent, le plus sage de l'Europe, doit aussi être le plus vraiment libre: son sort est entre ses mains, il a à choisir entre la liberté la plus constitutionnellement républicaine et l'anarchie, et il n'a pas un instant à perdre.

Le danger de la Suisse et imminent: elle peut y opposer efficacement la constance au dehors, la sagesse au dedans. Elle peut détourner la révolution par une prudente réforme, et une union inaltérable de la nation entière. Ce qui se passe à Rastadt doit influer sur le sort des Suisses, et *vice versà*. La fermeté Helvétique peut ranimer le courage des Allemands: la vigueur des Allemands renouvellée peut soutenir la fermeté Helvétique.

Depuis le 25 Janvier, époque de la conclusion de ce chapître, la Suisse est démocratisée avec les circonstances les plus funestes. Si par cette révolution subite, elle se réunit en un seul corps de nation; si elle y gagne l'extinction d'une fédéralité, toujours faible et toujours désunie; si elle a la sagesse de ne pas se laisser démembrer, et de rester indépendante; il n'y a que demi-mal. Mais il est bien plus à croire que les Français y garderont plus que de l'influence, et que la démocratie violente des Suisses entraînera celle de l'Allemagne, à moins que, par une guerre générale contre les Français, à laquelle les Suisses, vexés et pillés par ces instituteurs, peuvent prendre part, les événemens ne deviennent assez favorables pour qu'il en résulte une paix universelle, dans laquelle le sort des Suisses soit décidé avec sagesse.

Tout ce qui avait été annoncé sur la Suisse s'est vérifié avec des circonstances encore plus funestes qu'on ne les avait prévues, par ce que le Gouvernement Français est toujours entrainé par la fougue et la cupidité de ses agents. Berne, Soleure et Fribourg ont été conquis après une faible résistance, par la mollesse et la trahison des régents coupables de ces trois Républiques; Zurich, Schaffhausen et Lucerne n'ont point tenté de se défendre, la médiation de Bâle, qui avait abandonné, la première, la cause Helvétique, a facilité, leur soumission; les petits Cantons seuls ont montré un courage digne de la cause de la liberté; et qui méritait un meilleur succès, la stupeur inactive des grandes Puissances de l'Allemagne a décidé la perte de la Suisse, et prépare la leur.

Genève s'est laissé incorporer à la France. Bâle est sur le point d'en faire autant. Cherchons à pénétrer les vues du Directoire Français; non seulement les Commissaires Français, dont le dernier porte le nom symbolique de *Rapinat*, ont pillé les arcenaux et les trésors, ont établi des contributions et un gouvernement militaire, mais ils avillissent, par leur proclamations impérieuses, les pouvoirs exécutif, et législatif de cette nouvelle République, créée à coups de sabre. Ils se mocquent eux mêmes de l'enthousiasme de liberté des membres qu'ils favorisaient le plus d'abord; ils les chassent de ce sénat esclave, et tremblant d'Aran; ils annoncent tout simplement qu'ils exercent sur la Suisse le droit de conquête; sans réflechir que la conquête ne laisse exister aucun droit que celui de la vengeance, si le plus faible redevient le plus fort.

On a fait jusqu'aprésent de la Suisse une Province militaire, qui non seulement couvre la partie Orientale de la France, mais encore ouvre un grand débouché sur tout le midi de l'Allemagne. En conséquence les Français ont formé une chaîne de places depuis Genève et Bâle, par Berne et Zurich, jusqu'à Stein. Ce dernier poste avancé menace Constance, qui sera un jour rejoint à la Suisse; ou par cession, ou par conquête, ou par révolution; par ce que la limite natnrelle de ce Pays est le Rhin et le Lac de Constance du côté de l'Allemagne.

Voilà les Suisses réunis, appauvris et domptés; ils sont victimes du Systême Fédéral, de la faiblesse de leurs gouvernements Olygarchiques, de l'insensibilité avec la quelle ils ont reçû les plus grands affronts, de leur cupidité et de leurs richesses. Un axiome de *Montesquieu* peut servir à les consoler: »l'or et l'argent s'épuisent, la constance, la force, et la pauvreté ne s'épuisent jamais.«

Le Directoire Français en donnant à la Suisse réunie un Gouvernement représentatif pareil au sien, sçavait bien que cette machine était trop compliquée et trop dispendieuse pour une contrée pauvre en général, et dont les ressources sont divisées d'une manière aussi inégale. Les Cantons les plus riches ne peuvent pas suffire au payement de leurs représentans, à plus forte raison les petits Cantons; le Valais, les Ligues Grises sont hors d'état de soutenir la dépense d'un gouvernement Démocratique, le plus cher de tous les Gouvernements. Bâle, qui s'était chargé de fournir la garde Prétorienne d'Arau, a été forcé de la rapeller, par ce qu'elle était trop chère. Les Membres du Corps législatif ne sont pas payés.

Le Directoire Français, en même tems qu'il donnait aux Suisses ce stipendieux Gouvernement, s'emparait des Trésors, des Caisses, des revenus publics, des denrées, et des armes. Enfin, les excès qu'il faisait exercer contr'eux ont produit des plaintes de la part des représentants Helvétiques; ces plaintes ont produit des explications insultantes de la part des Commissaires et généraux Français. C'est alors qu'ils ont dit cathégoriquement aux Suisses que tout appartient à leurs conquérants ; c'est alors que le proconsul *Rapinat* a chassé de leur Directoire et de leurs conseils les hommes qui se croyaient représentants d'une nation libre. Les malheureux Enthousiastes qui ont connivé avec les Français pour la révolution de leur Patrie, sont les premières victimes de la politique du Directoire Français. Il ne reste aux Suisses, après ce rève de République une et indivisible, que la misère, le désespoir et l'incertitude sur l'avenir.

Cependant leur ressource pour sortir de l'oppression où les tient le Directoire Français, c'est leur réunion en un seul corps de nation opérée si impolitiquement par le même Directoire. Mais ils ne peuvent devoir leur liberté qu'à des événements extérieurs. Désarmés, dépouillés de tout, ils ne peuvent rien seuls, surtout leur pays étant devenu la place d'armes, et le point central des Français, entre le Rhin et l'Italie.

La Suisse a perdu pour très longtems sa pacifique liberté, elle ne la recouvrera peutêtre jamais : elle sera désormais le centre de la guerre entre les Allemands, et les Français. Les Suisses prendront parti ; celle des deux nations qui les aura de son côté, acquerrera un énorme avantage sur son adversaire. Le Directoire Français a trop vexé cette brave nation pour leur laisser long-tems une existence indépendante. Il les a dépouillé déjà de leurs richesses et de leurs armes, il leur reste une autre denrée bien plus prétieuse, dont il va encore les dépouiller ; c'est cette pépinière d'excellents soldats, dont les Français ont appris à estimer la valeur. On évitera d'en former des Corps séparés, mais on commence déjà à les incorporer dans les légions Françaises, c'est par cette amalgame qu'on cherchera à les désacoutumer de se regarder comme une nation à part. On laissera subsister le Fantôme de gouvernement représentatif, jusqu'à ce qu'on se soit assuré de tout ce qui peut porter les armes, et qu'on ait détruit toutes les familles qui pourraient leur fournir des chefs. Lorsqu'on aura ainsi préparé leur extinction nationale, alors on les forcera comme Genêve à demander leur incorporation, et ils deviendront partie de la grande Nation. Voilà la marche que tient le Directoire Français; les excès qu'il s'est permis par ses Commissaires rendent cette marche indispensable, et l'entraînent dans ce plan d'envahissement, devenu nécessaire pour se donner la limite entière du Rhin, du Lac de Constance, et des Ligues Grises, afin d'assurer sa communication avec l'italie.

La Suisse ne peut pas rester long-tems Province militaire et conquise. Les choses en sont venu au point qu'il faut, ou qu'elle soit incorporée avec la France, ou qu'elle reconquerre sa liberté, et redevienne une nation.

La chance la plus terrible pour elle c'est la Paix continentale, qui la laissera à la discrétion du Directoire Français: alors elle ne tardera pas à se fondre dans la grande république, avec toutes ses annexes. La petite Enclave de la Principauté de Neufchâtel sera l'objet d'une petite négociation entre la France et le Roi de Prusse, qui cédera cette petite Souveraineté encore plus facilement que Cléves Gueldres, et Moeurs.

Si la guerre générale a lieu, la Suisse trouvera des alliés et des armes: elle aura pour elle les Evénements de l'Italie, et le mécontentement du Peuple Français contre son gouvernement.

Le sort de la Suisse est d'un intérêt général. Son incorporation entraîne le Révolutionement très rapide de l'Allemagne, Méridionale, et la destruction inévitable de la Maison d'Autriche. Sa délivrance sera suivie de la chute du Directoire Français et d'un grand changement, si non dans la Constitution, au moins dans le Gouvernement de la France.

CHAP. III.

De L'Italie.

Le génie des révolutions avait cessé d'agiter l'Italie, depuis que Charles V avoit achevé d'y détruire la liberté. La maison d'Autriche et celle de Bourbon, après de longues et sanglantes guerres, s'étaient partagé cette délicieuse contrée, à l'exception de trois ou quatre faibles républiques, d'un Royaume formé pour la Maison de Savoye, par de grandes alliances, par sa position intermédiaire, par la versatilité de sa politique et par les *circonstances :* expression vague, qui définit parfaitement les décrets de la fatalité, par ce que personne ne peut ni les diriger, ni s'y soustraire; enfin d'un état théocratique, trop faible pour se soutenir comme puissance temporelle, trop usé, comme puissance spirituelle.

Cette division bisarre de l'Italie composait deux Royaumes, Sardaigne et Naples; quatre républiques, Venise, Gènes, Lucques et St. Marin, (car cette dernière est aussi un petit état libre); trois Duchés, Milan appartenant à l'Empereur; Modéne, dont il avait l'expectative, et Parme appartenant à une branche de la Maison de Bourbon; un *Grand-Duché*, (*) la Toscane, appartenant à la Maison d'Autriche et enfin l'Etat Ecclésiastique.

(*) La vanité a trouvé moyen de mettre des distinctions, même parmi les dignités du même genre. On connaît le titre ridicule de l'Evèque de Liége, Sa Celsitude : personne ne le comprenait, mais enfin c'était une distinction.

Ces onze souverainetés, très-inégales et très-différentes entre elles, étaient régies par des loix et des formes très-opposées. Aucune nation n'a plus écrit sur le gouvernement et sur l'économie politique que l'Italienne; aucune ne s'est plus abandonnée au hazard, ou à l'arbitraire de ses gouvernans sur la manière d'être régie.

L'Italien a pour caractère général la réflexion profonde, la réserve, sa compagne inséparable, et la paresse qui tient à l'excellence du climat et à la facilité des productions d'une terre, qu'on peut regarder comme le paradis-terrestre de l'Europe, qui fournit presque spontanément à l'homme tous ses besoins avec peu de travail et même tout le luxe des productions de la nature.

A la libèrté près, les Italiens jouissaient de tout; les peuples y étaient, plus formellement qu'ailleurs, partagés en trois classes, celle des nobles qui ne faisait rien, s'ennuyait au milieu de ses frivoles plaisirs, de son luxe brillant et mesquin, de ses étiquettes et de ses titres; celle des bourgeois, qui exerçait servilement les arts méchaniques, et qui s'humiliait devant cette noblesse sans pouvoir, dont elle se mocquait; celle des cultivateurs, qui seuls étaient relevés jusqu'à la dignité d'hommes presque libres, quoique l'objet de la raillerie et du dédain des *Citadins*, à cause de leur grossière simplicité, et en but à la tyrannie des nobles, leurs seigneurs, dont ils se vengeaient en les payant mal, et gardant pour eux-mêmes le meilleur de leurs productions. Dès qu'un citadin avait acquis quelqu'aisance par l'industrie et le commerce, un cultivateur, par son travail, ou par la ruine de son seigneur, il cherchait à sortir de sa classe; et, comme les pauvres petits Souverains de l'Italie étaient toujours aux expédiens, il achetait la noblesse, et dès lors il ne faisait plus rien.

Avec un pareil caractère, avec une oisiveté devenue habitude, l'esprit révolutionnaire ne pouvait pas prendre naissance en Italie; toute idée de majesté du peuple était totalement effacée, ou brisée et contrariée par la division bisarre de ces petites Souverainetés; mais nulle contrée n'était plus propre à ressaisir et propager cette idée, par ce que nulle part le peuple n'avait été jadis plus majestueux; il ne fallait que le tirer de son long sommeil, et reproduire à ses yeux son antique état.

Tant que la Révolution Française n'avait pas franchi les Alpes, les Italiens qui, lisaient peu de papiers-publics, d'ailleurs tous partiaux et infidéles, qui ne se rassemblaient point en sociétés politiques, par ce qu'elles étaient prohibées par les gouvernements, regardaient les Français comme des frénétiques que les Majestés Impériales et Royales anéantiraient bientôt. La réserve et la nonchalence des italiens acquéraient de nouvelles forces; habitués à leurs jouissances et à leur servitude, ils se tenaient en garde contre cette épidémie, qui pouvait troubler leur tranquillité.]

Mais depuis qu'ils ont vu le Roi de Prusse forcé à faire la paix avec la République Française, le Landgrave de Hesse, ensuite la Saxe, la Souabe, se detacher de la Ligue Germanique, l'Espagne sacrifier la vengeance du Chef de sa Maison et les intérêts de cette branche infortunée, pour se lier avec la France contre l'Angleterre, le Défenseur des Alpes réduit à recevoir la loi du vainqueur, la Hollande conquise et révolutionnée, les Autrichiens ne faire oublier leurs défaites que par des déroutes, les armées Impériales chassées du Milanès avec facilité, tous les triomphes s'accumuler sur un peuple, dont ils avaient eu jusqu'alors une idée assez médiocre : alors le caractère réfléchi des Italiens les a porté nécessairement à mettre sur le compte de la liberté cette exaltation d'énergie, qui rend invincible la nation qu'elle enflamme. De cette réflexion au réveil de l'ambition populaire il n'y a qu'un pas.

Une circonstance hâtait encore la marche du génie révolutionnaire en Italie; c'est que l'invasion des Français enlevait la tranquillité, l'oisiveté et les jouissances. Quelque modération qu'eussent voulu employer les vainqueurs, la nécessité de nourrir et d'entretenir de tout plus de cent-mille hommes forçait à un travail pénible ce peuple sobre et paresseux, par conséquent avare, qui aimait mieux se contenter de peu que de travailler. Il fallait partager les fruits de la terre avec des vainqueurs affamés et avides de pillage, qui arrivaient dans cette contrée nuds et mourrans de faim, comme les Gaulois leurs ancêtres; il fallait leur payer des contributions excessives; ils diminuaient leurs charges en sacrifiant les Souverains, les Nobles, le Clergé, et ces fantômes de gouvernemens qui les défendaient si mal contre l'invasion.

Qu'est il arrivé? La réflexion a ramené les Italiens à leur ancienne majesté populaire; les prédications et l'exemple des Français, les privations, les besoins ont hâté cette révolution morale. L'Italien est spirituel courageux et entreprenant, l'oisiveté enveloppait ces qualités; le poignard de la misère a déchiré cette enveloppe. La Maison de Bourbon et les Allemands n'ont pas été en état de contenir cette explosion révolutionnaire, leur verge de fer est brisée, et les Français, qui remplacent actuellement en Italie les autres Ultramontains, ont un talent particulier pour inoculer leurs principes, c'est d'arriver à la liberté par la licence. Les Italiens n'ont pas beaucoup redouté les Français, qu'ils ont regardé tout au plus comme un fléau passager, peutêtre même comme un orage bienfaisant, puisqu'ils les délivraient du joug des *barbares*. Peut-être ont-ils cru que les vainqueurs ne pouvaient avoir la prétention, ni de s'établir dans leur contrée, ni de les asservir. S'ils ont lieu de reconnaître qu'ils se sont trompés, ils deviendront des ennemis implacables.

Déjà, depuis 1789, on a pu reconnaitre *l'Ascétisme* de la liberté parmi les oisifs des couvents et de villes. Des nobles, des prêtres, des avocats, des médecins ont répandu dans toute l'Italie des écrits révolutionnaires, et ont formé des conjurations, toujours découvertes, assoupies, punies, et toujours renaissantes ; le Piémont, Gênes, Rome et Naples ont été les états plus agités par ces mouvemens. Venise en a été exempte, graces à son inquisition d'état et à quelqnes punitions secrétes ; la Toscane s'en est garantie par la précaution qu'a prise son gouvernement de se donner le masque de l'approbation de tous les excès du Jacobinisme Français.

Un obstacle qu'aura à surmonter le génie révolutionaire français, quand l'Italie en sera parfaitement imbue, c'est celui du clergé. Si l'encensoir reste confondu avec la Divinité, les agens du culte avec la religion, celle-ci sera entrainée par la chute de ses ministres, comme en France : si les Prêtres, ce qu'on ne peut pas espérer, éclairés par l'exemple terrible du clergé français, ont la sagesse de séparer le spirituel du temporel, la religion subsistera et ne sera qu'affermir la révolution, même en la modérant.

Un second obstacle, (c'est la division de l'Italie en petites Souverainetés,) empêchera que les Italiens ne se constituent, de long-tems en une nation, parce qu'ils forment trop de petits peuples. Cette division prive l'Italie d'un centre, ou point de réunion, et peut faire dégénérer la révolution de cette contrée en un cahos de petites puissances, les unes républicaines, les autres *princiaires*, qui se déchireront perpétuellement, comme pendant les sept ou huit siécles sanglans qui se sont succédés entre la chute de l'Empire d'Occident et Charles V.

Ce cahos, et le déchirement de guerres civiles qui en résultera, formeront la première époque révolutionnaire de cette contrée, et ne peuvent cesser que lorsqu'un, ou plusieurs peuples de cette contrée, auront pris assez de consistante, pour former un point de réunion fédérative, plus solide que le Corps Germanique, la Confédération Helvétique, ou celle des Provinces-Unies, qui sont des fédérations trop faibles pour résister à l'ambition plus active d'une, ou de plusieurs de ses parties, ou au choc d'une force extérieure.

Quant à la réunion de tous ces peuples pour former une seule Nation Italienne, semblable à la République Romaine, ou à celle de France, elle ne pourrait s'opérer que par la conquête, à l'instar de la première. C'est une chimère qui ne peut pas se tenter; la République Française ne le permettrait pas pour son propre intérêt. On ne peut donc appercevoir, par le calcul des probabilités qu'une réunion fédérative des différens peuples de l'Italie: pour cela, il faut les examiner séparément.

République Cisalpine.

Il faut commencer cet examen par la République Cisalpine, par égard pour sa primo-géniture. Cette République est essentiellement composée du Duché de Milan; le reste de son territoire est formé de la spoliation du Duc de Modéne, des rognures de la République de Venise et des Etats du Pape.

Aucune province de l'Italie n'était aussi fertile que la Lombardie; la nature allait au devant des voeux de l'habitant, et diminuait son travail. Aussi ce peuple était-il, de toute l'Italie, celui qui jouissait le plus d'une vie oisive et insouciante, sans s'embarrasser qui le gouvernait. A l'abri de ces subtils raisonnements sur la liberté et sur l'économie politique, qui troublent le repos des peuples sans leur procurer le bonheur, le Lombard ne paraissait point du-tout avoir les inclinations républicaines.

Le Milanès avait toujours été le théâtre de la guerre et de la tyrannie sous ses Ducs particuliers. Les Maisons d'Autriche et de France se l'étaient disputé long-tems. Le sang des armées étrangères avait toujours engraissé les terres de la Lombardie. Mais enfin, depuis 1748, et sur-tout depuis le traité de Versailles de 1756, qui avait fait cesser les querelles entre les deux Maisons, la Lombardie avait joui des douceurs de la Paix, ce qui lui avait rendu supportable le joug Autrichien, malgré l'incompatibilité nationale, qui était infiniment diminuée.

La Cour de Vienne gouvernait la Lombardie avec beaucoup de douceur; elle avait la sagesse d'employer beaucoup de troupes

Milanaises dans ses armées; elle avait ouvert à la noblesse de ce Duché la porte de l'ambition et des honneurs, et elle en avait tiré d'exellens officiers, et même plusieurs Généraux célébres. La police était sévère dans le Milanès, ainsi que dans tous les états de la Maison d'Autriche, sur tout ce qui regardait la librairie; ainsi la liberté de penser y était très-bornée, et l'esprit novateur y avait fait peu de progrès, avant l'arrivée des Français.

Le peuple Lombard, par la longue habitude du joug, par la gêne d'un gouvernement retréci, par la communication continuelle avec lés différentes nations réunies sous la domination de la Maison d'Autriche, par les avantages que procurait à sa noblesse la carrière des armes chez une Puissance guerriére et vaine, avait presque perdu le caractère national Italien, pour devenir Autrichien. Tous les préjugés y étaient enracinés, celui de la Noblesse y était soutenu par un tribunal Héraldique, institué en 1770, destiné à recevoir les preuves de noblesse, et à veiller sur l'observation des loix qui regardent l'ordre des nobles. Le Gouvernement était militaire; c'était un conseil de guerre qui avait l'inspection des affaires qui regardaient le bien de la ville.

Nulle province de l'Italie ne paraissait moins propre à l'implantation du génie révolutionnaire ; nul peuple de cette contrée n'était plus éloigné d'adopter les idées de liberté et d'égalité ; nul n'avait moins besoin d'un changement de constitution, et n'était moins en état de se la donner. Nulle part l'esprit philosophique, n'avait fait moins de progrès.

Quiconque avait vu superficiellement la France, avant l'époque de 1789, a pu penser que les dispositions révolutionnaires n'y étaient pas plus naturelles qu'en Lombardie. Mais il y avait bien de la différence. Malgré les précautions syndicales sur la liberté de penser, depuis un demi-siécle Voltaire, Rousseau, Fréret, Boullanger, Helvétius, les Encyclopédistes, les Economistes, attaquaient, sans relâche, les préjugés de toute espéce, et même les principes les plus utiles, et minaient le gouvernement, qui était faible et sans dignité ; il était sans prévoyance ; la dissipation des finances l'avait jetté dans les mains de la nation, qui avait repris violemment ses droits.

Le peuple Lombard, au contraire, n'était ni éclairé, foullé, ni malheureux; il n'était nullement préparé à la révolution, et si la fougue française, l'exemple de la licence, qui séduit toujours le peuple, parce qu'il la prend pour la jouissance de la liberté, ont pu l'entrainer; d'un autre côté l'indiscrétion, l'incompatibitité d'humeur, l'insolence, l'avarice des vainquurs auraient ramené les Lombards à leur ancien maitre, s'il avait pu seulement conserver Mantoue.

Mais les victoires incroyables de *Buonaparte*, les défaites réitérées de Autrichiens, leur honteux abandon, ont fait triompher la Démocratie. La noblesse, n'ayant pas de point d'appui, a été écrasée sans résistance, et la République Cisalpine existe, et Milan en est la capitale!

Déjà cette république entretient une armée; déjà elle avoue une dette de soixante-trois millions; déjà elle montre l'inquiétude des peuples libres; déjà elle a besoin de la guerre pour subsister; déjà elle a besoin de piller et de s'agrandir.

La fougue démocratique avait d'abord entrainé les Français au de-là des bornes de la saine politique en faveur des Cisalpins; mais le Directoire Français s'est remis en régle sur ses véritables intérêts. Il semblait naturel que la petite république de Gènes fût réunie à la Cisalpine; c'est la France qui a profité de l'aversion des deux peuples pour assurer leur séparation; c'est elle qui a décidé que Gènes aurait son gouvernement et sa constitution à part.

Le Directoire Français a empêché que le Piémont se révolutionât, malgré le soins que les Cisalpins s'étaient donnés pour fomenter la révolte. La république française est l'égide du Roi de Sardaigne contre la démocratie Cisalpine. Elle préfère, avec raison, pour voisin un Roi faible à une république inquiéte et ambitieuse, dont les gouvernans parlent déjà, dans leurs imprudentes déclamations, de relever la république romaine. Tant que les Français garderont Mantoue et une force auxiliaire en Italie, pour protéger la république cisalpine, ou plutôt pour la contenir, le Roi de Sardaigne n'a rien à craindre; mais si des circonstances font sortir les Français d'Italie, ce Roi perdra sa couronne, à moins que ces circonstances n'entrainent la destruction de la république cisalpine.

Le Duché de Parme, sous la protection de la France, tient en bride l'ambition cisalpine, en lui circonscrivant de ce côté des limites qu'elle est forcée de respecter. Le Duc de Parme sera contraint de céder à la république ce qu'il posséde au de-là du Pô, qui lui servira de barrière.

Mais la cession des états de Venise à l'Empereur, la démarcation des limites au travers du lac de Guarda et long de l'Adige, sur-tout la session de Legnago, poste avance, qui, en tems de guerre, peut couper la communication de Ferrare, Reggio, Modéne et Bologne avec la Lombardie, est le plus grand coup porté par le Directoire Français à l'ambition des Cisalpins.

Le Directoire employe en ce moment l'armée cisalpine contre Rome, mais elle la récompensera comme ses propres soldats, en la faisant participer au pillage, sans lui laisser prendre d'agrandissement de ce côté. En tout, le Français semblent avoir dit aux Cisalpins, » nous voulons que vou soyez li- » bres; nous vous l'ordonnons; mais nous » vous défendons de vous arroger le droit » d'incorporation, réservé à la *République - mère*."

La sévérité de cette loi diminue sûrement beaucoup la reconnaissance de Cisalpins, qui s'émanciperout dèsqu'ils le pourront, et deviendront, un jour, les ennemis des fondateurs de leur liberté. En attendant ils chicanent déjà tous leurs voisins, le Piémont, Parme et même l'Empereur pour leurs nouvelles limites. Ils ont entamé la guerre, pour leur propre compte contre le Pape, soit de leur mouvement, soit par l'instigation des Français : c'est l'approche de leur armée qui a occasionné les mouvements d'Ancona, de Civita-Vecchia, de Pesaro etc. et qui a produit la catastophe de Rome. Ils sont les instrumens révolutionaires en Italie ; mais vraisemblablement ce n'est pas pour eux-mêmes qu'ils travailleront, et c'est ce qui augmentera leur profond ressentiment.

Le sort de la république cisalpine est encore précaire, et dépend de ce qui sera conclu à Rastadt. Si la guerre générale a lieu, la France, trop accupée pour elle-même, ne pourra pas leur donner d'assez puissants secours, et ils reprendront de bon gré le joug de l'Autriche, ou seront conquis. Alors, le reste de l'Italie sera exempté de la démocratie. Si la paix a lieu, la première guerre des Cisalpins sera peut-être contre la France, et sera le fruit de leur inquiéte ambition et de leur ressentiment.

Sardaigne, Parme, Toscane, Rome.

La Sardaigne, Parme et la Toscane ne peuvent pas former un article interessant dans cette spéculation. Leur Souveraineté est précaire, leur sort est humiliant et terrible. Harcelés par la démocratie Italienne, protégés durement par la démocratie française, livrés à l'arbitraire des plans les plus extravagans, ils végéteront dans l'incertitude de leur sort, jusqu'à ce que le Directoire Français ait arrêté un plan général pour la républicanisation de l'Italie, ou qu'une révolution, très-possible, change le sort de la France démocratique, et par conséquent de ses appendices, les républiques Batave, Lémanique, Cisalpine. etc.

Le sort de Rome va étre probablement décidé sous peu de tems. L'autorité du Pape est expirante, et sera vraisemblablement enterrée avec le Pontife octogenaire, qui a le malheur de survivre à ses calamités. La chûte de la réligion romaine en sera la conséquence, et son rétablissement sera difficile, si les circonstances changent.

Naples.

Le Royaume de Naples est mieux composé, mieux situé, plus arrondi que celui de Sardaigne ; il n'a pas comme lui des voisins dangereux, ni des occasions perpétuelles de guerre, ou des passages d'armée inévitables : il est riche, quoique sa population ne soit pas proportionnée à son étendue : il a un commerce assez considérable, qui serait susceptible de plus d'activité ; son gouvernement a toujours été assez mauvais ; son peuple est remuant, sur-tout le Sicilien. Les Rois de Naples et de Sicile ont toujours été ambitieux, inquiets ou faibles, et gouvernés par leurs entours, et influencés par la politique extérieure, qui, vu leur situation topographique, ne devrait jamais avoir de prise sur eux.

La Sicile est durement exploitée en finances, et très-mal dirigée en culture, en arts, en industrie. Les Rois de Naples, ainsi que ceux de Sardaigne, devraient renoncer à la stabilité de résidence, pour partager leur séjour entre Cagliari et la Sicile; cette dernière mériterait même la préférence, et le Monarque serait plus puissant, plus riche, plus aimé, plus respecté, et moins influencé à Palerme qu'à Naples; il faudrait, cependant, alterner la résidence entre ces deux villes, pour ne pas perdre l'amour du peuple de la dernière.

Une circonstance très - extraordinaire, c'est que le gouvernement Napolitain soit continuellement occupé, depuis 1789, à découvrir et éteindre des conspirations toujours renaissantes; que tous les mouvemens révolutionnaires soient excités par des nobles, des prêtres, des légistes, des militaires, et qu'ils n'ayent pas pu jusqu'à présent réussir à exciter à la révolte du peuple très-nombreux des vrais *sansculottes*, connus sous le nom de *Lazzaroni*, dont jusqu'à ce jour le dévouement et la fidélité pour leur Roi ont été à toute épreuve.

Cette classe de peuple a cependant, à diverses époques, exécuté plusieurs révolutions terribles; elle a constitué pendant quelque tems Naples en république, ou plutôt en anarchie, sous le despotisme de

Mazaniello et de *Gennaro*, tyrans aussi absurdes, mais moins cruels et moins éclairés que *Marat* et *Robespierre*, par conséquent moins criminels.

Il n'y a point du-tout d'union entre Naples et la Sicile. Le principe très-dangereux de la foiblesse, *divide et impera*, parait être celui du gouvernement Napolitain, qui se trouverait cependant mieux de l'accord des deux peuples que de leur division. Le Napolitain aime naturellement la monarchie; mais comme il a toujours eu des Rois étrangers, il n'est que faiblement attaché à chaque Dynastie, et il aime le changement.

Le Sicilien aime naturellement la république; mais chaque ville, si l'esprit révolutionnaire agitait cette isle, desirerait former une république, comme du tems des Carthaginois et des Romains. Au reste, les passions de ces deux peuples sont volcaniques, comme leur sol; et si des pamphlets, des feuilles périodiques, des clubs, des harangues populaires y répandaient la fermentation, la révolution serait prompte et terrible. Ce levain est très-dangereux, s'il agit par lui-même ; il pourrait devenir très-utile, employé par le Roi.

Le sort du Roi de Naples est devenu très-précaire par la catastrophe de Rome. L'armée démocratique est sur ses frontières ; la marine française, placée à Corfou, le tient en échec. Il sera forcé de payer à la France des subsides pour se soutenir ; mais cet état incertain ne peut pas durer. Si la paix se fait à Rastadt, on lui cherchera querelle, et il perdra bientôt sa couronne ; car son existence ne peut pas cadrer avec les projets révolutionnaires de la France sur l'Italie. Si la guerre générale a lieu, il peut être de libérateur de l'Italie, et il n'a pas d'autre parti à prendre pour sa propre sûreté.

Gènes.

Jamais la constitution de Gênes n'avait été stable ; jamais, ni les particuliers, ni l'état n'avoient été tranquilles ; tantôt appartenant aux Empereurs, tantôt aux Rois de France, aux Ducs de Milan, à des Archevêques, à des tyrans particuliers, tantôt aux *Frégoses*, aux *Adornes*, aux *Doria* ; tantôt gouvernés démocratiquement par un plébéien, tantôt aristocratiquement par André *Doria*, à qui les Génois doivent leur liberté et la forme de gouvernement qui les régissait encore à l'époque de l'invasion de l'Italie; autre fois commercans, couvrant les mers de leurs flottes, les désolant par leurs pirateries, plus hereux depuis qu'ils étaient déchus de leur gloire, et devenus tranquilles.

Telle était cette république orageuse, qui n'a ni revenus, ni troupes de terre, ni forces navales, ni stabilité. Détestée, ou peu respectée de ses sujets, elle n'avait pu, ni gouverner, ni conserver, ni conquérir la Corse; elle était-même fort heureuse d'en être débarrassée.

La révolution française se passait trop près de Gènes pour ne pas y occasionner des troubles de la part d'un peuple aussi susceptible de fermentation, et dont l'histoire présentait, jusqu'à cette époque, la lutte perpétuelle de la démocratie contre l'aristocratie. Le Génois ne peut, ni garder sa liberté, ni souffrir le joug; ainsi la révolution qu'il a embrassée, ne peut que lui attirer de nouvelles catastrophes, sans lui procurer de solides avantages.

Tout etat commercant, comme Gènes, Genève, Hambourg, a besoin d'une liberté modérée, d'une constitution simple et stable, qui assure bien fermement le respect des propriétés. Si le Gouvernement est trop arristocratique, il écrase le commerce par l'orgueil des rangs et le luxe rongeur; s'il est trop démocratique, le petit peuple jalouse et vexe le commercant; l'ouvrier fait la loi au manufacturier, le marin à l'armateur, et le commerce et l'industrie fuyent devant cette égalité anti-sociale.

Gènes a subi, non pas sans résistance et sans effusion de sang, la révolution démocratique; *Buonaparte*, en fixant son existence, en agrandissant son territoire, lui a encore donné, à son départ de l'Italie, des conseils très-sages et très-*rémarquables*.

Si la révolution se compléte en Italie, Gènes doit jouer un jour le rôle de la principale puissance navale de l'Italie, et c'est sur mer qu'elle doit fournir son contingent à cette confédération; elle doit créer, un jour, une marine militaire, pour faire respecter ses côtes et protéger son commerce. Si le port de Gènes présente peu de capacité et de sûreté pour un établissement militaire naval, les Génois ont dans le Golphe de la Spézia toutes les facilités pour former une marine respectable. Cet établissement serait d'autant mieux placé dans ce Golphe qu'il vivifierait *la Riviera di Levante*, et que Gènes devant être naturellement toujours une ville de grand commerce, il serait utile que la marine militaire, qui pourrait lui nuire, en fût un peu éloignée.

V e n i s e.

L'idée de l'antique république de Venise imprime à l'esprit une espéce de respect religieux, comme la vue des anciens monumens. Son histoire enflamme les coeurs susceptibles de patriotisme et d'amour de la gloire et de la liberté. Mais sa constitution était la satyre la plus cruelle du coeur humain ; sa bàse était le soupçon, ses supports le machiavelisme, le despotisme, et le mistère. Depuis sa dernière époque brillante, la ligue de Cambrai, Venise ne se soutenait plus que par sa politique astucieuse : ayant dèslors désarmé ses citoyens, dont elle avait abatardi le courage ; se méfiant des stipendiaires, auxquels elle a de tout tems confié sa défense, son gouvernement avait beaucoup d'autorité, mais il était privé de force.

Une pareille constitution pouvait paraître suffisante, et même prudente et sage, tant que la balance de l'Europe et la tranquillité de l'Italie réposaient sur une politique de Cours, dont les agitations pouvaient être arrêtées par la jalousie, la paresse, ou l'impuissance. Les mouvemens, les guerres de l'Europe n'étaient que des jeux d'enfans. La constitution Vénitienne pouvait passer pour un chefd'oevre, parce qu'elle était bien adaptée à la mollesse du siécle, à la faiblesse des institutions sociales ; mais elle n'était en état d'opposer aucune résistance, ni au torrent des conquêtes, ni au génie révolutionnaire.

Ce gouvernement, si sage, tant admiré, avait entièrement manqué de prévoyance; il n'avait pas calculé que la révolution française, substituant les peuples aux Princes, allait changer tout le systême politique, agrandir les intérêts, remplacer le petit jeu des intrigues de Cour, par l'action vigoureuse de la liberté et de l'énergie. Il aurait dû prévoir, qu'à moins de rendre les mêmes ressorts à son peuple, il serait ou entrainé, ou renversé par ce torrent révolutionnaire. Ce gouvernement étouffait, ou enchainait toutes les passions ; l'esprit révolutionnaire les exalte toutes.

La constitution de Venise avait de commun avec celle de l'ancienne Rome, qu'elle concentrait tout le pouvoir dans la Métropole seule. Mais de Rome sortaient des Généraux victorieux, des légions invincibles, composées de citoyens. Tout le monde était astreint au service militaire, qui conduisait à toutes les dignités de la République. Le droit de cité se communiquait aux villes et aux habitans des provinces. La plupart des familles sénatoriales étaient étrangères. Il ne fallait pas être né à Rome, ni même originaire de Rome, pour être Romain, pour parvenir à tout.

Venise présentait une métropole d'une étendue médiocre, centre de politique ombrageuse, de despotisme aristocratique, et de faiblesse ; qui, manquant d'activité, répandait la tranquillité de l'esclavage dans ses provinces de terre-ferme. Les habitans, humiliés mais apathiques, y jouissaient avec uniformité d'un repos ignoble mais assez doux, sous un gouvernement modéré, quoique ombrageux et sévère. Une poignée de soldats mal organisés, sans officiers, sans honneur, sans émulation, sans exercice, sans discipline, sans ensemble, ne présentait qu'une multitude de sbirres, mais point d'armée. Les places fortes étaient antiques, et tombaient en ruine. Le marine etait nulle; et la dernière guerre que la République avait soutenue contre la petite Régence de Tunis prouvait à quel point la puissance navale des Vénitiens avait dégénéré. La Paix avec les Barbaresques avait achevé de l'anéantir.

On découvrait cependant un esprit national, répandu même dans les provinces de terre-ferme, qui n'attendait que les occasions pour se développer. Le Lion de St. Marc dormait, mais il était aisé de le réveiller. C'était à la prudence de cet illustre Sénat à régler les premiers mouvements de son réveil. Il ne tenait qu'à lui de conserver le respect et même l'attachement dont il jouissait, et de tourner, à son avantage, le génie revolutionnaire que le succès des Français fixait en Italie, qui allait certainement s'agiter ou contre les gouvernemens qui lui présenteraient une opposition maladroite, ou en faveur de ceux qui sauraient le diriger.

Il a paru, en 1795, un livre profond du Comte de *Curti*, sur les dangers du gouvernement de Venise, et sur les réformes qu'ils nécessitaient: Il est intitulé, *Mémoires Historiques et politiques sur la République de Venise, en 1792.* Il prouve parfaitement que les institutions sont bonnes, que tout le mal réside dans l'abus d'une autorité olygarchique. Il prouve que la suppression du Conseil des X, et surtout des trois places odieuses des Inquisiteurs d'état, et l'activité rendue aux quatre *Quaranties* auraient suffi pour rendre à cette sage constitution toute sa vigueur.

Mais, à l'époque où ce citoyen estimable a composé ce livre, avec autant de patriotisme que de modération, malgré les vexations dont il était la victime et les dangers qui le menaçaient alors, la révolution française n'avait pas encore pris le cacactère de conquête et d'extention, que la faiblesse, la mauvaise foi, la maladresse de ses ennemis lui ont donné, sur-tout pendant les quatre dernières années. Les

Français n'avoient pas encore passé les Alpes ; l'Italie conservait encore son système pacifique, qui rendait suffisantes les réformes proposées dans cet excellent livre.

Tout est changé. Il eût fallu que dès-lors la république devînt une puissance respectable par sa force, sinon elle devait être opprimée, ou détruite. Pour acquérir cette force, non seulement il fallait qu'elle détruisît entièrement l'olygarchie qui la minait, mais il fallait qu'elle cessât de concentrer son aristocratie dans sa métropole ; il fallait qu'elle l'étendît sur toutes les parties de sa domination, pour les lier toutes par l'intérêt commun.

La première mesure, et la plus indispensable, était de changer en citoyens ses *Ilotes* de Terreferme et d'Outre-mer, pour éviter que leurs premiers pas vers la liberté ne fussent en sens contraire de l'intérêt de la Métropole. Il, fallait pour cela, ou brûler le Livre d'Or, ou l'augmenter de toutes les familles puissantes de ces Provinces. Il fallait que toutes eussent part au gouvernement, pour s'y attacher.

Il fallait faire voir le jour aux trésors enfouis ; exciter l'ambition politique de tous ces hommes régénérés par les emplois civils et militaires de terre et de mer ; refondre l'armée et la marine, y distribuer l'ordre sénatorial, inspirer de l'honneur et du patriotisme, relever les places, les garnir de troupes, et se préparer sérieusement à repousser tous les maux qu'entraîne la passion de la liberté, quand le Gouvernement ne la dirige pas.

Avec ces mesures, qui eussent fait promptement du peuple Vénitien une république vigoureuse, et respectable, le Sénat n'eût plus eu à craindre les agitations du génie révolutionnaire, qui n'aurait même pu que lui être favorable, en lui rendant son ancienne énergie. Alors le Gouvernement n'aurait plus eu à soutenir son autorité par le soupçon et le mistère. Les *bouches de fer* eussent disparu de ses villes, ainsi que ses espions, ses délateurs, son Conseil des X et ses trois grands Inquisiteurs d'état, en quoi consistait toute l'action de ce gouvernement retréci.

Voilà le genre de révolution que tout philantrope sage aurait desiré pour la république de Venise : ce peuple prudent et spirituel en était digne. Une telle révolution, ou plutôt réformation, eût servi de modéle au reste de l'Italie; elle eût pu rendre Venise le centre, ou au moins le membre principal de l'association fédérale de toute l'Italie, lorsque cette contrée aurait essuyé tous les changements qu'y produira nécessairement, au plus dans l'espace d'un demi-siécle, et vraisemblablement beaucoup plutôt, le génie révolutionnaire qui s'en est emparé.

Venise n'est plus! Mais ce peuple reprendra un jour sa liberté. Il est plus aisé de passer de la servitude à la liberté, que de s'accoutumer à la servitude, quand on a été libre. On peut prévoir de même que c'est par l'Italie que les Français seront punis de leur rage de républicaniser les autres Nations.

Le tableau de l'Italie s'est encore rembruni, depuis cinq mois, Rome a été pillée radicalement, par les commissaires français, au scandale même de l'armée. En même tems on a établi le gouvernement représentatif. Mais, quoique, sur les cinq consuls qu'on a placés à la tête du pouvoir exécutif, il y ait un accoucheur, et trois médecins, la playe faite à cette République naissante, par l'enlévement de toutes ses richesses, est incurable. Au reste ces nouveaux Consuls, et ce nouveau sénat, d'après le caractère exagérateur des Romains modernes, montrent, déjà, l'inquiétude de l'Ambition, en *caricature*; quoiqu'ils ne régnent que dans Rome, sous la dure protection du Général français, qui, tantôt les pousse en avant, tantôt arrète leur zèle inconsidéré. Quoique ce Gouvernement soit, déjà, méprisé, abhorré dans la Capitale, et sans autorité au dehors; quoique les Provinces, toutes les villes, toutes les campagnes soient infectées de rébelles, et de bandits, quoique la nouvelle République Romaine n'ait ni troupes, ni armes, ni industrie, ni commerce, ni ensemble, cependant, lorsqu'il en sera tems, le Gouvernement Romain, suscité par les français, cherchera querelle au Roi de Naples, pour quelque discussion de Limites; et cette rixe servira de prétexte pour rompre tous les traités faits avec ce malheureux Royaume; et pour le révolutionner.

Le Roi de Naples est un malade qui voit les progrès de sa maladie, sans pouvoir y appliquer aucun remède. On ne lui permet, pas même, de punir les révoltés, ni d'arrêter les complots. L'Ambassadeur de france, vient, dernièrement d'exiger qu'il mette en liberté tous ses prisonniers d'Etat, pour causes d'opinions politiques. Si les français conservent *Malte*, il peut regarder la Sicile, comme perdue. Si même la flotte françaire reste, quelque tems, dans les mers de sicile, celà peut Suffire, pour porter aux plus grands excès la fermentation des siciliens; et, peut être des Napolitains. L'Apparition de cette flotte, dangereux foyer de révolution, est un orage que le Roi de Naples ne peut conjurer. Les anglais, seuls, peuvent le sauver de ces *Argonautes* révolutionnaires. Le bon, ou mauvais succès de *Buonaparte* décidera donc le sort de ce monarque, plus particulièrement encore, que ce lui du reste de l'Italie.

Un autre Roi, encore plus à plaindre, est celui de Sardaigne; ses malheureux Etats sont déchirés par une guerre civile, suscitée par les jacobins français, Liguriens, et Cisalpins. Ses sujets rébelles trouvent un azyle, et des secours dans les deux Républiques qui l'environnent. Quand il se plaint au Directoire Français, celui-ci lui répond qu'il ne se mêlera point de ses affaires, et ne donnera point son appui, aux révolutionnaires. Certainement lorsque la france laisse continuer le désordre; lorsque, malgré les réclamations de son malheureux allié, elle ne fait pas cesser la rébellion de ses sujets, elle a le même tort que si elle appuyait les insurgents.

Ce qui prouve que le Directoire fomente ces troubles, c'est que lorsque le Roi de Sardaigne a gagné un avantage sur les rébelles, le ministre de france, à Turin, a exigé de lui qu'il mît en liberté les coupables, pris, les armes à la main: c'est que la République de Gènes, entièrement dépendante de la france, prend pour une violation de territoire la poursuite des rébelles, réfugiés à *Carrosio*, petit endroit, appartenant au Piémont, enclavé, à la vérité, dans le territoire de la République Ligurienne; et, qu'en conséquence, elle déclare la guerre au Roi, et réclame les secours des Cisalpins. Rien n'est plus exagéré et de plus mauvaise foi, que le manifeste du Directoire Ligurien. A entendre les *Démosthènes* génois, on dirait que le Roi de Sardaigne est aussi entreprenant, aussi dangereux que *Philippe* de Macédoine.

On peut cependant prévoir que le Directoire Français se mêlera de cette querelle, et fera déposer les armes aux deux partis, et qu'il ménagera le Roi de Sardaigne. 1°. Pour ne pas mettre d'obstacle à la paix continentale, en montrant trop tôt, et trop à découvert, le fonds de ses plans sur l'Italie, en aidant au renversement d'un Roi, qui existe sous sa protection; et sous la garantie d'un traité d'alliance offensive, et défensive. 2°. Pour ne pas agrandir deux républiques *Vassales*, qu'il veut toujours tenir sous le joug, et qui se livrent, quelques fois, à des idées d'indépendance. 3°. Pour tirer de son arbitrage de nouveaux avantages, qu'il n'avait pas pu prévoir, lorsqu'il a fait le traité de Turin.

Alors les Autrichiens n'étaient pas encore entièrement chassés de l'Italie; le Directoire n'avait encore rien déterminé sur le sort de Venise, et de Mantoue. Les succès inimaginables de *Buonaparte*, la paix de *Campo-Formio*, les vues ultérieures sur les révolutionnement du reste de l'Italie, la nécessité de tenir en bride ces Républiques turbulentes dès leur naissance, ont engagé le Directoire Français à garder, pour lui, Mantoue. Mais cette place, quoique forte, pourrait tomber aisément, si elle ne conservait pas une communication avec la france. Cette communication doit être, nécessairement, le long du Pô, et par le Piémont. Dans le traité de Turin, on n'a pu se faire livrer une échelle de places, au travers des états du Roi de Sardaigne, comme Tortone, Alexandrie, et Coni.

Vraisemblablement le Directoire Français sauvera encore, pour cette fois, la couronne de ce Monarque malheureux; et pour assurer son existence, il le forcera à une addition, au traité de Turin, qui assurera à la france, la possession de plusieurs places fortes, nécessaires pour établir la communication de Mantoue, soit à titre de propriété, soit à titre de garnison.

C'est le Succès, bon ou mauvais, de la grande expédition de *Buonaparte* qui décidera le sort de l'Italie, et fixera, enfin, les plans, et la politique du Directoire Français, qui vit, au jour le jour; et qui n'agit jamais que par des circonstances qui l'entraînent, et qu'il peut, rarement prévoir.

1er Aoûst.

Depuis que ce paragraphe est écrit, le Roi de Sardaigne a livré sa citadelle de Turin, à une garnison française; sa paix est faite avec les Républiques Cisalpine, et Ligurienne; mais ses dangers ne sont pas diminués, au contraire: quel sort que celui de ce Roi!

CHAP. VI.

La Turquie.

La révolution de l'Italie entraîne nécessairement celle de la Turquie. Quand même les Français, respectant leur antique alliance avec la Porte, uniquement attentifs aux intérêts de commerce, se dispenseraient d'agiter le peuple grec, pour lui rendre son antique valeur, et l'exciter à rompre les fers de son effroyable servitude, les Italiens, régénérés à la liberté, et dans l'enthousiasme de la nouveauté, enverraient des missionnaires de l'autre côté du Golphe Adriatique.

La propagande révolutionnaire, prêchant les principes de la démocratie, a encore plus d'activité que celle du christianisme. Dans ce siécle raisonneur, on est parvenu à établir la tolérance religieuse; mais, comme les hommes sont destinés à se tourmenter pour des opinions, on y a substitué l'intolérance politique. D'ailleurs, dèsque la démocratie triomphe, son inquiétude se répand autour d'elle.

Si les républiques puissantes ont une aversion naturelle pour la royauté, des républicains démocrates ajoutent à ce sentiment la haîne de l'aristocratie. La démocratie est coupçonneuse et timide; son action est dans le nombre; elle employe ingénéreusement et sans scrupule la force de mille contre un; si même ces mille voient vingt ou trente hommes se réunir, la peur s'empare d'eux et les pousse à la férocité. Elle craint donc toujours toute réunion ; elle persécute à mort l'aristocratie, non seulement au dedans, mais même au dehors et autour d'elle. Plus la démocratie est nombreuse, plus elle veut le devenir; elle n'a pas d'autre systême politique. Son incessante activité travaille à renverser tous les Gouvernemens qui lui sont opposés, et aucun ne l'est plus que celui de la Turquie.

Les Français n'ont pas voulu laisser aux Italiens la *gloire* ni l'avantage de régénérer les Grecs. Ils ont commençé par mettre un obstacle entre leurs communications, en faisant présent à la Maison d'Autriche de Venise et de la Dalmatie. Ils ont placé de ce côté la monarchie pour digue contre le torrent révolutionnaire. *La république-mère* veut bien faire des filles ; mais elle est jalouse de sa fécondité, et ne veut que des filles stériles.

La France s'est donc reservéé tout le profit et l'avantage du révolutionnement de la Turquie d'Europe. Pour cela, elle a été fonder un département Français dans la mer Yonique, sur la côte de l'Albanie. Ce département est plus militaire que commerçant. Corfou n'est pas situé favorablement pour former une échelle de commerce avec l'Archipel. Mais c'est une place-d'armes navale formidable; la possession de Larta (l'ancienne Larisse) donne un pied sur cette partie du continent Ottoman. Dans ces deux points se composeront les livres qui doivent éclairer et électriser les Albaniens et les Macédoniens, déjà révoltés contre l'Empereur Ottoman, et dont il ne faut plus que diriger les mouvemens révolutionnaires. On traversera la Gréce par une chaîne démocratique qui aboutira à Saloniki, et d'où la révolution s'établira dans les Isles de l'Archipel, pendant qu'une des branches se dirigera sur la Laconie et sur l'Attique, et une autre sur Constantinople, et que de Corfou on agitera l'isle de Candie.

La rivalité de l'Angleterre redoublera l'activité de ce mouvement; son commerce sera ruiné dans le Levant, et il sera entièrement entre les mains de la France, jusqu'à ce que les Grecs, après avoir relégué les Turcs en Asie, parviennent à établir un ou plusieurs gouvernements, qui leur donnent une consistence assez solide pour secouer la dépendance de la *république-mère*. La France jouira long-tems de sa supériorité dans le Levant, avant que les Grecs ayent acquis cette indépendance.

L'établissement des Français à Corfou, où ils ont rassemblé tous les bâtimens, toutes les munitions navales de l'arsenal de Venise, est un obstacle insurmontable aux projets chimériques d'établissements maritimes pour la Maison d'Autriche, dans la méditerranée. Les Français borneront cette puissance au cabotage du golphe Adriatique, et ne permettront pas que le pavillon impérial flotte sur des vaisseaux de guerre au de là de ce golphe; ils seront à portée de gêner son commerce, de l'interrompte, ou de le détruire entièrement, quand ils voudront.

Tous les amis de l'humanité ne peuvent que souhaiter l'affranchissement des Grecs, de cette nation j'adis si brillante, des descendans de Miltiades, Solon, Socrate, Epaminondas, Aristides, des peintres, des sculpteurs, des philosophes, des poëtes, qui, depuis vingt siécles, sont encore nos modéles. Le desir de la philosophie a été de tout tems de voir reléguer en Asie les barbares Ottomans avec leur fanatisme, leur despotisme et leur ignorance. Mais les conséquences de cet événement sont terribles, vu les circonstances, pour le repos de l'Europe, et achéveront d'y répandre le désordre et la confusion.

C'est par l'Albanie que la Légion Polonaise de *Dombrouski*, renforcée d'Arnautes, de Bosniaques et de Grecs, sera transportée jusqu'aux frontières de la Pologne, et pénétrera par la Buccowine et par l'Ukraine pour aller rassembler et régénérer la Nation Polonaise. C'est par cette nation régénérée que la Russie éprouvera les vengeances de la France, et sera penétrée du génie révolutionnaire, dont les bras étendus ceignent l'Europe, qu'il couvre de ses aîles de feu.

Dans l'expédition mystérieuse de *Buonaparte*, que tout le monde fait naviguer en Levant, on s'attache en général à démontrer les facilités, ou les obstacles, de son arrivée en Egypte, de sa traversée de la Mer rouge, enfin de la conquête de l'Inde et de la destruction du commerce, et parconséquent de la domination navale des Anglais. Mais personne ne calcule les conséquences d'une pareille expédition pour la Turquie. On va jusqu'à rendre la Porte Ottomane complice de ce vaste projet, on dit qu'elle fournit des Guides et des Ingénieurs *Grecs* pour piloter les Français dans les déserts, sur la Mer rouge et sur le Golphe Persique, et qu'elle leur prépare des vivres, des Chameaux etc. dans ses Etats, à la vérité pour leur argent.

Il est impossible, à moins de le voir, de croire que *Buonaparte* dirige sa navigation vers le Levant pour pénétrer dans l'Inde. *Rien*, dit on, *n'est impossible au génie et à la valeur Française*. Cela est juste. *Buonaparte peut faire ce qu'Alexandre a fait.* Qui en doute? Alexandre a conquis la Perse à la tête de trente mille Grecs; il a mis sept ans à son cours de conquètes. Il lui restait peu de Grecs sur la fin, il ne les aimait pas, et ne s'y fiait plus. Il s'était entouré de Persans, et en avait recruté et augmenté son armée. Bien établi en Perse, il s'est avancé vers la presqu'ile de l'Inde. Une petite escadre macédonienne, partant du Golphe Persique où elle avait été construite, toujours cotoiyant la rivage à la vue de l'armée, s'est avancée vers l'embouchure de l'Indus (ou Sind), et n'a pas même atteint la côte de Malabar. Une Escadre pareille se construisait alors partout, avec toute espéce de bois. Une Corvette de 12 Canons est plus difficile à construire, et anéantirait une pareille flotte.

Certainement si *Buonaparte* s'emparait de la Perse, s'y établissait solidement comme Alexandre, sacrifiait et brulait ses treize vaisseaux de guerre et la plupart de son Convoi, transportait dans le Golphe Persique son Artillerie, ses voitures, ses mâtures, son tonnelage, ses Charpentiers, ses matelots, il pourrait, au bout de quelques années, établir dans ce Golphe une Marine assez considérable pour acquérir la supériorité n'avale dans l'Inde

Mais dans l'état actuel, ni les côtes de la Mer rouge ni celles du Golphe Persique ne peuvent lui fournir ni vaisseaux ni matelots pour transporter son armée dans l'Inde. *Tipoo-Saib* *) n'a point de marine qui puisse

*) On peut raisonnablement douter de la négociation de Tipoo-Saib avec Malartie, Commandant de l'Isle de France. Si elle était vraie, sa publication indiscréte avant son exécution pourrait devenir funeste à ce Sultan.

aller le chercher, et toute celle des Français et des Bataves réunie dans l'Inde ne s'élève pas à la moitié des forces navales des Anglais dans ces Mers. Ainsi d'après l'idée raisonable qu'on se fait de la tête de *Buonaparte*, il n'est pas plus possible de croire à ses projêts Indiens qu'aux Contes Arabes. Une pareille chimère serait la ruine de ce général, de son armée et du Directoire qui l'aurait adoptée ou ordonnée.

Raisonnons cependant sur l'Hypothèse admise universellement, et supposons que *Buonaparte* aille en Egypte. Certainement dans ce cas, pour donner une retraite à ses vaisseaux de transport et une station à ses vaisseaux de guerre, et pour assurer sa communication avec les Ports de France, il serait nécessairement obligé d'occuper au moins un port de l'Isle de Candie, et presque tous ceux de l'Isle de Chypre, pendant tout le tems que durerait son expédition de l'Inde; ce qui établirait dans ces deux Isles un foyer de Jacobins, qui y travaillerait les peuples, et delà tout le reste de l'Archipel, et le continent de la Grèce.

Sans déveloper une grande finesse dans sa politique, le Divan n'a cependant jamais montré une imprudence assez stupide pour être soupçonné de ne pas sentir le danger d'un pareil voisinage, et d'y prèter lui même les mains. Bien loin d'aider les Français à s'établir en Egypte et à Balsora, il est à présumer qu'il leur susciterait, sous main, tous les obstacles de la part des Mammelus, des Egyptiens, des Arabes, des Persans, des subsistances et des ressources navales. Si le Divan avait l'air de favoriser cette folle entreprise, ce serait pour empêcher *Buonaparte* de sejetter sur des parties plus voisines de la Capitale, et de porter des coups plus directs au despotisme Ottoman.

Le grand Séigneur ne peut pas se dissimuler que le général de cette flotte menaçante est le même qui a sollicité et accueilli la députation des Mainottes, (spartiates) qui a lié amitité avec le rébelle Pacha de Scutari, qui fait imprimer à Corfou en Grec, Turc et Arabe les Symboles révolutionaires, pour répandre en Orient les principes démocratiques. Il ne peut que se méfier de la bonne foi du Directoire, et craindre qu'il ne protége un jour *Paswan-Oglou* le Pacha de Scutari et les Grecs. Il ne peut qu'être allarmé de l'invitation faire à toute la nation juive pour aller reconquerir Jérusalem.

Tout ces Plans sont aussi foux que criminels. Mais malheureusement le crime et la folie sont à l'ordre du jour, et la Providence semble le premettre pour punir les Princes et les peuples, et les mettre sur la voye de se corriger.

Si l'expédition de l'Egypte n'est qu'un masque, le grand Seigneur doit craindre de voir la flotte Française, après la conquète de Malte, forcer ensuite les Dardanelles. Si cela arrive, il doit regarder d'avance les Russes comme ses sauveurs, s'ils ont le tems d'arriver des Ports de la Crimée, pour l'aider à defendre le passage du Détroit, et donner le tems aux Anglais de venir mettre la flotte Française entre deux feux dans cette mer étroite. C'est vraisemblablement ce qui arriverait si les Français se dirigaient sur Constantinople, où ils ne peuvent pas arriver à l'improviste; car tout le monde est également allarmé de cette mystérieuse expédition, et partout on est sur ses-gardes.

Il est à présumer que le Divan connait bien tous les dangers de sa situation; qu'il sent que son intérêt majeur est de ménager les Anglais et de s'assurer des Russes ; qu'il tâchera de conserver intact son territoire ; et que, s'il était un jour forcé de rompre sa neutralité, ce ne serait pas contre les Anglais qu'il se déclarerait, ni en faveur d'une Nation qui ne ménage rien, et dont l'activité Révolutionaire menace de détruire sous peu, si on ne s'y oppose, l'Empire Ottoman, qu'elle mine sourdement, en attendant l'occasion de l'attaquer ouvertement.

Dans l'Hypothêse que *Buonaparte* ait sa destination à l'Est de la Méditerranée, les dangers pour l'Empire Ottoman sont immenses, et bien loin de former des voeux pour le succès des armes des Français, le Divan dont desirer que les Anglais et les éléments détruisent cette flotte formidable, car si l'expédition arrive jusques sur le territoire Turc, quelque part que ce soit, les Turcs ne peuvent plus penser qu'à s'ensevelir sous les ruines de leur Empire, ou refluer en Asie, abandonnant ces belles contrées Européennes à un volcan anarchique, bien plus cruel et plus dévastateur que le despotisme qui dort au fonds du serrail.

Le 10. Juillet.

CHAP. VII.

La Russie.

Cet Empire, par son éloignement, par la dispersion de sa population sur un territoire immense, par la diversité des langues, des moeurs, des cultes de ses habitans, par le fanatisme de sa religion dominante, par l'ignorance profonde de toutes les classes de citoyens, par la prépondérance d'une cour qui seule réunit les lumières de l'Empire, par l'éclat d'un trône d'où dérivent toutes les récompenses, les punitions, les richesses, la misère, par la réunion du pouvoir, sous le joug d'une armée très-nombreuse et très-obéissante; cet Empire n'a eu jusques â présent à craindre que des conjurations de cour, des révoltes de peuples barbares, des révolutions dans la famille Impériale.

Pétersbourg est non seulement la tête, mais le coeur de l'Empire, tous les canaux de la vie politipue y aboutissent. Les évé- tragiques qui arrivent souvent autour du trône, et qui l'ensanglantent,] ne sont que des spectacles indifférens pour le peuple, qui les voit sans émotion et sans intérêt, parce qu'ils n'influent en rien sur son existence. La couronne peut être portée par un homme ou par une femme, être arrachée violement par des crimes; tout est égal à la nation; celui qui la porte est obéi; le Souverain est toujours-là.

Il semble qu'un pareil gouvernement est à l'abri des coups du génie révolutionnaire; qu'une pareille nation n'est pas susceptible de ses influences. Elle ne lit point; elle ne sçait rien; elle n'a pas même de gazettes; elle ignore qu'il existe un grand peuple, qui, à la suite de discussions métaphysiques, a renversé un trône de quatorze siécles, a vaincu toutes les nations de l'Europe, et propagé ses opinions, les armes à la main.

Il existe cependant en Russie une grande ville, où les connaissances prennent de l'accroissement, où la haîne et la jalousie contre la Cour rassemble des principes d'indépendance, germes du républicanisme. Cette ville est Moscou. Elle est à présent l'asyle du mécontentement et de la critique; elle deviendra un jour un foyer de révolution.

Cathèrine II. a eu l'air de regarder la révolution française comme un jeu politique, dont elle pouvait tirer parti, en attisant la guerre, en excitant les Princes Français par de légers services, et de grandes promesses; en poussant, par son adhésion, l'Autriche et la Prusse à cette guerre, qui ne pouvait que les miner, quelqu'en fût le succès: en joignant aux flottes Anglaises une de ses Escadres, pour exercer sa marine, sans la compromettre.

Ayant rempli son but en occupant la Prusse et l'Autriche contre la France, elle a cru le moment favorable pour s'emparer du reste de la Pologne, ce qui a engagé la Prusse à faire sa paix avec la France, pour avoir part, ainsi que l'Autriche, à cet envahissement; ce qui a déjoué l'ambition de l'Impératrice de Russie.

La défection du Roi de Prusse a porté un coup mortel à la coalition. La Russie a été encore plus froide sur l'intérêt général, et s'est contentée de fournir aux Emigrés un léger subside. Son Successeur a depuis acquitté noblement la dette de cet engagement politique envers la Maison de Bourbon, en offrant un asyle honorable à l'Héritier de l'infortuné Louis XVI, et en récompensant, par un établissement avantageux, le courage persévérant de l'Armée de Condé, et la vertu de ce Prince, qui lui a attiré l'estime de toute l'Europe, et même des plus furieux démocrates français.

Cette conduite de la Russie a le sort de toutes les demi-mesures; elle a fait plus de mal que de bien. La révolution française n'en a acquis que plus de consistence, et la Russie a perdu l'influence qu'elle pouvait se donner sur le reste de l'Europe, ou en joignant des forces imposantes à la coalition contre la France, ou en se réservant pour une médiation respectable.

Actuellemens son sort est aussi dépendant de ce qui sera conclu à Rastadt que celui du reste de l'Europe. Si la paix se fait, si l'Allemagne est démembrée et la Suisse soumise et démocratisée, comme il y a toute apparence, l'esprit révolutionnaire, n'étant plus arrêté, se répandra rapidement dans la Turquie, que les Polonais, formés à l'école de *Buonaparte*, traverseront pour rentrer dans leur Patrie, par la Bukowine et l'Ukraine, pendant que les Français, partant de Constantinople, attaqueront la Crimée.

Naturellement des embarras politiques se joindront à cette guerre révolutionnaire.

Les Persans en Asie, les Suédois, du côté de Pétersbourg, profiteront de la détresse de la Russie pour rentrer dans les Provinces dont ils ont été dépouillés. Le despotisme succombera sous la démocratie, et cet Empire colossal n'aura duré qu'un siécle.

La Russie ne peut se soutenir que par la rupture du Congrès de Rastadt, par sa médiation armée pour l'intégrité de l'Empire, et par une guérre générale et très-active contre l'ennemi commun; ou par une paix universelle qui puisse établir la tranquillité de l'Europe sur des bases solides.

La Russie doit être très fachée de n'avoir pas prévu, ou prévenu la prise de Malte, par les français; c'est, pour elle, et pour toute l'Europe, un événement très important. Il porte un coup mortel, à l'aristocratie; puis qu'il éteint son principal foyer. La lâcheté de ses défenseurs fait rejaillir leur honte sur la Noblesse de l'Europe entière. Cet ordre a mérité son anéantissement, dès qu'il a rendu, sans résistance, la place la plus force de l'Europe, par une capitulation, plus convenable à des moines qu'à des guerriers. Cette catastrophe compléte la ruine de la religion

Catholique, dans le midi de l'Europe, et la prépare, en Allemagne.

Malte, entre les mains des français, change la face de l'Orient, et donne de la stabilité aux projets les plus téméraires de ses conquérans. Les Puissances Barbaresques dirigeront, à l'avenir, leur piraterie, d'après les ordres du Directoire français. Les bleds de la Barbarie, et de la Sicile ne seront vendus que sous le bon plaisir des français. Les marchandises du Levant ne passeront que de la seconde main, aux autres nations, avec le *transit* de la france.

Le sort de la maison d'Autriche, et de l'Italie, entière, sera exposé aux dangers perpétuels de la variation de la politique française. La Porte succombera sous une révolution, arrangée d'avance ; que le Directoire peut hâter, mais qu'il ne peut plus retarder, ni empêcher. La Nation polonaise renaitra, pareillement, par la force des circonstances. *Paswan Oglou* sera, peut-être, un des instrumens destinés, par la providence, pour cette régénération.

Voilà les français raprochés de la Russie, et pouvant lui porter des coups directs, soit en révolutionant la Turquie, et faisant attaquer l'Ukraine, les côtes de la mer noire et la Crimée, par la Nation gréque régénérée, et par *Paswan Oglou;* soit en forçant le grand Seigneur à déclarer la guerre à la Russie; en soulevant les Polonais, et les Tartares, et soutenant cette guerre, par une escadre, et quelques troupes, de débarquement, dans la mer noire.

Le Cabinet de Petersbourg a fait trop, ou trop peu, contre la France, pendant le cours de sa révolution. Averti, par les immenses préparatifs de Toulon, de Corfou, et de l'Italie, il devait garder l'Est de la Méditerrannée, avec se flotte de Crimée, pendant que les Anglais gardaient l'Ouest. L'escadre Russe pouvait s'avancer jusqu'à Malte; et, certainement, si elle eût été à portée, les chevaliers n'eussent pas pu capituler aussi vîte : le parti des braves-gens eût été le plus fort; Malte serait encore le boulevard de la Chretienté, contre la Démocratie.

La Cour de Petersbourg, qui, depuis *Pierre* le grand, son fondateur, a fait taut de guerres d'envahissement, se livre, à présent, à un sistème pacifique, qui serait extrèmement louable, s'il n'était pas contraire à l'intérêt de toute l'Europe ; et à sa propre sureté.

L'Empereur parait très ennemi de la révolution française ; toutes ses ordonnances sont dirigées contre sa propagation : plusieurs, cependant, paraissent excessives en aristocratie, et manquent le but ; comme, par exemple, celle qui défend de donner un brevet d'officier à quiconque n'est pas noble. Cette exclusion, dans les circonstances d'opinion, où se trouve l'Europe entière, parait aussi impolitique, qu'elle est injuste. Elle établit la scission entre la noblesse et les officiers Subalternes, qui s'empareront, comme en France, des emplois supérieurs, si des troupes démocratiques s'approchent des frontières de cet Empire, et les éclairent par leurs exhortations, et par leur exemple.

En Russie, le peuple est désarmé, et ne raisonne point ; ainsi ce n'est pas lui qui est à craindre, c'est l'armée, qui peut, ou soutenir le trône, ou le reverser, par une révolution. Il est donc plus prudent de contenter l'armée, de l'unir aux intérets du souverain, d'assurer sa fidélité, et sa fermeté, en n'avançant que le mérite, et, surtout, en ne l'excluant pas.

Le préjugé de la noblesse n'est ntile que lorsqu'il peut devenir l'encouragement, et la récompense de la vertu. Si une nation est, irrévocablement, partagée en deux classes, dont une jouit de tout; alors la classe favorisée n'a plus d'objet d'émulation; ellê ne sait, même aucun gré au Souverain de ses faveurs, qu'elle doit au hazard de la naissance: la classe avilie prend le sentiment de l'esclavage, et s'abrutit, ou connait, enfin, la dignité de l'homme; et reprend violemment ses droits, de là les rèvolutions.

L'Empereur de Russie doit être convaincu, par l'exemple de l'armée des Républicains français, que la noblesse ne fait pas, exclusivement, la force des armées. Ses priviléges nuisent souvent au mérite, et étoufent les talens: car le mérite et les talens ne s'héritent point, comme les titres. Ce sont les bas-officiers qui sont l'ame des troupes, comme l'a prouvé la Révolution française; il faloit donc leur donner l'espoir de l'avancement, et les attacher au Souverain.

La politique d'un Souverain peut exiger qu'il favorise beaucoup sa noblesse, qu'il évite, même, d'avancer aux places honorifiques les hommes nés dans la classe du peuple. Si, d'après un vice constitutionel de l'Etat qu'il gouverne, il se croit obligé de suivre ce système, il doit agir, en conséquence, dans la distribution des emplois; mais il doit, dans tous les cas, bien se garder de publier les motifs secrets de sa conduite, et de proclamer une ordonnance exclusive de cette nature. Cette faute fut faite, en france, par le Maréchal de *Ségur*, ministre de la guerre, sous *Louis XVI;* elle produisit un très mauvais effet.

L'Empereur va bientôt se trouver en guerre avec les français; il aura besoin de donner à son armée de l'énergie, et de l'estime d'elle-même; il sera donc obligé d'abolir la distinction flétrissante qu'il vient d'établir, qui ne peut produire que des soldats, sans ambition, et sans honneur, ou des rébelles.

La Catastrophe de *Malte* prouve qu'aucun souverain, grand ou petit, ne calcule ses dangers, et n'est préparé au moment où l'orage créve sur lui : tous se sont coalisés, en 1792, pour envahir, et partager : tous s'isolent, lorsqu'il s'agit de leur existence. Alors les français concentrés, et unis, défendaient leurs foyers, et leur liberté ; il fallait craindre de les attaquer. A présent ces mêmes français disséminés à tous les bouts de l'Europe ; affaiblis par leurs conquètes, sont moins invulnérables.

L'Empéreur de Russie va, malgré lui, entrer en action. Comme il n'a pas soutenu l'Allemagne, il ne doit attendre, de ce côté, aucune diversion, en sa faveur. Le flambeau de la révolution, agité par la démocratie, aveugle les souverains, et embrase les peuples. Sous peu de mois, la Turquie, et la Russie seront la proie de cet incendie, qui s'avance rapidement, vers l'Orient.

CHAP. VIII.

La Suéde.

Cette Puissance paraît avoir dans les affaires actuelles de l'Europe trois intérêts opposés. Le premier de ne se mêler de rien, de suivre, avec attention, les progrès de l'esprit révolutionnaire, et de se tenir prête à en profiter, lorsqu'il attaquera l'Empire Russe, pour secouer les chaînes de la Cour de Pétersbourg, pour reprendre ses anciennes frontières, et les pousser même jusqu'à la Newa, et, par la possession de Pétersbourg, s'assurer celle de la Livonie.

Le second intérêt, personnel à la Royauté, c'est de traverser les Négociations de Rastadt, pour faire cause commune avec les Rois contre la démocratie.

Le troisième, qui regarde le bien présent de ses sujets, est de forcer la France à retirer son décret contre les vaisseaux neutres, en adhérant à une coalition navale, contre les Français, avec le Dannemark, Hambourg, Lubeck, Naples, la Turquie, et les Américains, pour empêcher toute tyrannie de la part des Puissances belligérantes indistinctement, ou même de se coaliser avec l'Angleterre, pour empêcher la descente, qui, si elle réussissait, occasionnerait une banqueroute générale, qui ruinerait la Suéde, et achéverait de soumettre l'Europe à la puissance, très-immodérée, du Directoire Français, ce qui améneroit, très-promptement, l'extinction de la Royauté, le renversement de toutes les constitutions, et une désorganisation générale, qui livrerait, au moins pour un siécle, l'univers à l'anarchie.

De ces trois intérêts, le premier est hypothétique et incertain; les deux autres sont instans.

Comme membre de l'Empire, le Roi de Suéde doit craindre la honte et le danger de la dissolution du Corps - Germanique, et l'établissement de la démocratie dans cette contrée, qui rendrait ses possessions Germaniques très-précaires. Il a donc un très-grand intérêt aux négociations de Rastadt, et il ne peut desirer que la paix s'y termine, qu'en cas que, par sa médiation, les Français accordent l'intégrité de l'Empire, rendent l'Evêché de Bâle, et assurent la tranquillité de la Suisse, en se retirant du pays de Vaud, et les Cisalpins de la Valteline.

La Suéde parait, de plus en plus, se lier avec la République Française; elle vient de se compromettre, en faisant convoyer, par une de ses frégates, dix huit bâtimens, chargés pour la france, qui ont été interceptés, par les anglais.

La Suéde suivra le sort de la Russie. Épuisée par ses dépenses, ses guerres malheureuses, et ses révolutions, elle n'a pas de moyens, pour armer par terre, et par mer; et elle ne peut pas lutter contre cet Empire, sans perdre, aussitôt la Finlande, qu'elle ne conserve que parce que la Cour de Petersbourg n'a pas encore voulu, fermement, s'en emparer.

La Suéde ne pourrait, dans une coalition, quelle qu'elle fût, qu'être à charge, à ses alliés: n'ayant ni argent, ni marine, elle ne pourrait agir, qu'au moyen de très gros subsides. Si l'esprit révolutionnaire agitait ce Royaume, trop étendu, et trop dépeuplé, sa ruine serait complette. La division n'y est déjà que trop grande, entre les ordres qui forment son corps social. La liberté est assurée en Suéde;

quant à l'égalité, il n'y en a qu'une espéce qui convienne à ce peuple spirituel, courageux, et pauvre; c'est l'égalité militaire, subordonnée aux loix rigoureuses de cet état. Le point de réunion des Suédois, est un Roi héros. C'est une condition nécessaire dans un Roi de Suéde. Lui seul peut donner une grande existence à sa Nation. Dans les circonstances où se trouve l'Europe, le héroïsme d'un Roi peut, seul, servir d'argument contre, l'anarchie démocratique; en prouvant la nécessité d'un chef, et la confusion du Gouvernement populaire.

La Suéde ne peut soutenir la concurrence avec aucune autre puissance, ni pour l'agriculture, ni pour le commerce, ni pour l'industrie; elle n'a jamais joué un rôle entre les Nations, que par la guerre; mais depuis la mort de *Charles XII* elle n'a essuié que des pertes, et de la honte: elle a tout à réparer; et, pour cela il lui faut de l'unité dans son Gouvernement, de la confiance dans son Roi, et de l'union, entre toutes ses parties.

Le Roi de Suéde doit se regarder comme un chef de guerre; son luxe doit être dans ses arcenaux, sa force dans son armée, son autorité sur sa nation, dans l'opinion de son courage, et de sa probité. Il sera plus puissant que les Monarques plus fortunés que lui, quand il sera leur modéle; parce qu'il régnera par l'opinion, la Reine du monde, qui fait, et détruit à son gré, toutes les conventions humaines.

CHAP. IX.

Le Dannemark.

L'Intérêt de cette Puissance aux négociations de Rastadt est plus direct que ce lui de la Suéde. Les conséquences de la paix sont infiniment plus importantes pour elle. Elle ne doit pas se dissimuler que le Holstein est travaillé révolutionnairement d'une manière très-active et très-dangereuse. Sa sage neutralité lui a procuré de grands avantages; mais elle a eu l'inconvénient d'ouvrir ses états, ceux sur-tout d'Allemagne, à la Propagande Française, qui y a fait de grands progrès.

La salut-du Dannemark repose, ou sur l'intégrité de l'Empire, ou sur une guerre générale contre les démocrates français. La première même est insuffisante, et ne fait que retarder l'époque de sa ruine. Si la France, effrayée de la menace d'une coalition générale, se contente des limites de la Meuse, elle n'en travaillera qu'avec plus d'activité, pendant la courte paix qu'elle aura signée à regret, à cultiver les semences de désorganisation qu'elle a répandues sur les bords du Rhin, et même au delà, ainsi qu'en Suisse, en Italie et en Turquie, et elle recommencera la guerre, dèsqu'elle verra ces semences prêtes à éclorre.

Hambourg est, au plus haut degré, le point d'importance et d'inquiétude pour le Dannemark. Si la paix se conclud à Rastadt sur le pied de la cession à la France de la limite du Rhin, l'Empire sera démembré; en ce cas, Hambourg servira d'indemnité à l'une des grandes Puissances de l'Allemagne, ce qui rapprochera un voisin actif et dangereux des états allemands du Dannemark, sans défense et tout-ouverts du côté de l'Elbe. En ce cas, le Souverain qui aura usurpé cette ville en fera fuir le commerce par un gouvernement militaire, ou voudra le rendre exclusif aux dépens d'Altona et de Gluckstadt, par la domination de l'Elbe.

Ou bien Hambourg, favorisé par la France, restera libre, et deviendra une colonnie démocratique, le foyer de la Propagande, d'où les missionaires se répandront dans le pays d'Hannovre, la Prusse, le Meklembourg et le Holstein. Alors, c'est par Hambourg que le démon révolutionnaire ravagera le nord de l'Allemagne.

Ou bien le Roi de Dannemark profitera du systême de partage pour usurper Hambourg et Lubeck. Mais ces deux villes populeuses, riches et républicaines, seront difficiles à tenir dans la sujétion, et finiront, après l'avoir ruiné par des guerres, par démocratiser ses états, après avoir reconquis leur liberté. D'ailleurs, le Dannemark n'a aucun titre pour être admis à un systême de partage; il est resté neutre et intact; il ne peut exiger aucune indemnité.

Ou bien, enfin, le Roi de Dannemark, sollicité par les deux villes Anséatiques, et suivant les principes de modération et de justice, qui distinguent le système politique de son Conseil, se déclarera protecteur de Hambourg et de Lubeck; en ce cas, ou il soutiendra une guerre contre les intéressés au partage appuyés par la France, et il peut y succomber; ou la France, toujours conséquente dans ses vues de révolutionnement général, adhérera à son protectorat, pour conserver son influence sur Hambourg, et elle y sera plus maîtresse que lui; ainsi ce palliatif ne le garantira de rien.

Si la France, pour éviter une guerre générale, consent à l'intégrité de l'Empire, la paix sera conclue à Rastadt, et les Plénipotentiaires Allemands, ne s'élevant pas au dessus de la sphère de l'intérêt qui les environne, croiront avoir fait des merveilles, ne prévoyant pas que la France n'aura eu une modération aussi opposée à ses principes, que pour ne pas trouver d'obstacles à son grand projet, de la descente en Angleterre, dont le succès entraînerait une banqueroute générale, et la ruine de toute l'Europe.

Ici s'ouvre, pour le Dannemark, un intérêt maritime et commercial, aussi important que son danger territorial. Un Décret des Conseils et du Directoire Français vient déjà de porter un coup fatal à son commerce. Que sera-ce, si les Français anéantissent la puissance anglaise, démembrent ses états, se font céder ses principales colonies, détruisent sa marine, et plongent l'Angleterre dans une démocratie anarchique? Ces Républicains inquiets et insatiables seront des dominateurs de la mer bien plus exigeants que les Anglais. Aucun pavillon ne pourra flotter sans leur permission; toutes les puissances maritimes seront leurs tributaires; aucune ne sera à l'abri de leur atteinte. Ils regarderont le péage du détroit du Sund comme un droit féodal; ils régenteront dans Copenhague, dans la Baltique, dans l'Elbe; ils se feront livrer exclusivement toutes les matières premières de la marine par les puissances du Nord; et la démocratie achévera sur mer ce qu'elle a commencé avec ses armées de terre.

L'Influence de la négociation de Rastadt n'est donc pas toute seule le salut, ou la perte du Dannemark. Ce Royaume a donc, en outre, le plus grand intérêt, non seulement à ce que la descente en Angleterre ne réussisse pas, mais encore qu'elle n'ait pas lieu. Il faut, ou que le Dannemark, comme puissance maritime et commercante, force la France à retirer son décret tyrannique contre la libre navigation des vaisseaux neutres, soit par une neutralité armée très active, soit en se joignant à l'Angleterre, la Russie et la Suéde, pour faire échouer tout projet de descente.

Il faut que la Russie, la Suéde et le Dannemark soient, forcément, médiateurs des négociations de Rastadt; que les Plénipotentiaires du Pape, de Naples, des Cisalpins, du Roi de Sardaigne, de la Toscane, de la Ligue Helvétique, des Etats-unis de l'Amérique, de l'Espagne, du Portugal, de l'Angleterre y soient admis; que ce Congrès, au lieu d'être simplement celui de l'Empire, devienne le Congrès de l'univers; qu'un armistice sacré soit établi, jusqu'à sa conclusion; que cette conclusion produise une *Paix Générale*, qui non seulement stipule les intérêts topographiques respectifs, mais assure l'existence politique de tous les peuples qui y concourront.

Enfin, le Dannemark ne peut être sauvé que par une guerre générale, ou par une paix universelle.

La prise de Malte, par *Buonaparte* assujetit, à l'avenir, le commerce de Levant, de toutes les nations, aux loix que les français voudront imposer. Le Dannemark était parvenu à établir la concurrence, pour les sergettes, et draps légers, avec la manufactures françaises; mais, à l'avenir, les français vont devenir les douaniers, et les directeurs du commerce de l'Empire Ottoman, ou de l'anarchie qu'ils lui substitueront, s'il leur convient de le renverser.

Le torrent révolutionnaire, en s'étendant à l'orient de l'Europe, paraitrait menacer moins directement le nord; mais la cour de Copenhague ne peut pas se fier au calme apparent, qui semble régner dans son voisinage, depuis qu'un des plus impétueux agents du jacobinisme a été éloigné d'Hambourg, pour aller troubler d'autres contrées. Cet homme, à son départ, a déposé son venin, et ses instructions en des mains prudentes: la propagande est bien établie, ses rameaux s'étendent secrétement, mais avec la plus grande activité, dans les Royaumes du Nord; et dans tout le cercle de basse-saxe.

Les clubs se multiplient; leur communication est très exacte. Ils ont crû s'assurer du secret, par les sermens affreux qui lient les membres: l'infidélité est menaçée du poignard. Il est, cependant, impossible que ces clubs échappent à la vigilance du Gouvernement, et que leurs manoeuvres, et leurs mystères restent inconnus. Entre tant de scélérats ou de dupes, il existe, nécessairement bien des faux frères.

Ces clubs se multiplient, sous une infinité de formes diverses. Ce sont les juifs que l'on invite à se rassembler, pour raisonner sur le rétablissement de leur chimérique Jérusalem : ce sont de prétendues sociétés de bienfaisance, pour répandre le poison des innovations, sous le prétexte d'éclairer le peuple: ce sont des assemblées Irlandaises, pour achever de révolter cette malheureuse nation; qui, si elle vient à bout de se séparer de l'Angleterre, ne peut que tomber sous le joug fraternel du Directoire français, par ce qu'elle ne peut pas se donner une existence politique, indépendante: ce sont des congrégations de Déistes, qui travaillent à la destruction de tous les cultes chretiens, sous le nom de *Philantropie*: ce sont des loges d'illuminés, dont les secrets ne sont connus, que d'un petit nombre d'adeptes, qui sont l'ame invisible de tous ces clubs divers, et qui les dirigent tous, vers le grand oeuvre du renversement de toute institution sociale.

La paix continentale ne peut qu'assurer, en Allemagne, les travaux de cette dangereuse propagande, parce qu'aucun Souverain n'osera arrêter, et punir leurs menées, de peur d'être accusé devant la grande Nation: par ce que les Ambassadeurs français réclameront auprès des cours du Nord, comme auprès de celles d'Italie, les personnes arrêtées, pour des opinions politiques. Les crimes de poison, poignard, incendie, rébellion, dès qu'ils ne seront que projettés, ne passent que pour des variétés d'opinions politiques; et le

Souverain, qui veut les punir, est u tyran, contre le quel tous les bons démocrates de l'univers doivent lever un bras vengeur. Voilà à quel point de dépravation on conduit les hommes, avec le fanatisme révolutionnaire.

Les propagandistes se croient si surs de leur fait, que leurs journaux menacent d'une prompte révolution, tout Souverain qui osera s'opposer aux vues du Directoire français. Malheur à ceux qui se laisseront intimider, et qui craindront de fermer les clubs, d'arrêter tous les agitateurs, sur tout étrangers, de les punir capitalement, si leurs crimes sont prouvés, et de purger leurs états des gens sans aveu, et des scélérats, qui, n'ayant rien à perdre, n'ont l'espoir d'un heureux avenir, que dans le désordre, et l'anarchie.

Les Souverains doivent être bien sûrs que la mission révolutionnaire est distribuée avec le plus grand ordre; que les plans sont fixés, que l'action ne cesse ni en guerre ni en paix; que le Directoire français, malgré toutes ses prétentions, est le grand moteur; qu'il le prouve, par la protection que ses ambassadeurs accordent aux sujets rébelles; et par les déclamations de ses journeaux affidés. On ne peut pas opposer, à cette dernière preuve, la liberté de la presse, car elle n'existe pas plus en france qu'ailleurs, depuis l'olygarchie démocratique.

Le danger des Souverains est plus ou moins pressant, selon qu'ils sont, plus ou moins rapprochés des foyers révolutionnaires; et que leurs Etats sont plus ou moins travaillés. Hambourg est celui du Nord. La propagande est partagée entre cette ville, et Altona: c'est de ces deux points que part toute la correspondance entre l'Irlande, et la france: c'est là que s'ourdissent toutes les trames du jacobinisme, pour toute l'Europe septentrionale. C'est aussi sur ces deux points que doit se porter toute l'attention du Gouvernement Danois, qui ne peut plus ignorer les projets, les moyens, les complices de cette conjuration anarchique.

Le tems arrivera, et il n'est pas éloigné, où les peuples reviendront à la vérité, à la vertu, et aux loix: la providence a permis le triomphe de l'anarchie, pour en mieux faire connaître le danger. Les français après avoir donné l'exemple du renversement, donneront celui du rétablissement de l'ordre. Épuisés par leurs sanglantes, et injustes victoires, ne prévoyant aucune fin, à une guerre qu'ils n'ont commencée que pour assurer leur liberté; et qu'ils continuent pour soutenir l'ambition de quelques hommes, qui voient, dans la paix, la fin de leur régne, et l'époque de leur punition; ils renonceront à la criminelle gloire de donner des fers, à tout l'univers, en prèchant la liberté.

Mais cette révolution morale ne peut avoir lieu que lorsqu'ils verront les Souverains, réunis par le danger, avoir les yeux ouverts sur les manoeuvres turbulentes des propagandistes, avoir la fermeté de les dévoiler, et de les punir. Alors, honteux d'être tourmentés seuls par la réaction révolutionnaire, éclairés sur l'injustice, la mauvaise foi, l'égoïsme de leurs agitateurs, ennuyés de ce jargon révolutionnaire, qui n'est ni le langage des anciennes républiques, ni celui de la vraie liberté, ils se déferont des loups déguisés en bergers, qui les égarent, et les dévorent.

Quant aux peuples que la liberté française a atteints, l'Exemple de leurs malheurs, est fait pour préserver de la même épidémie, les peuples qui sont encore intacts. Les Hollandais, les Belges, les Savoyards etc., les habitans des bords du Rhin, arrosent, de leurs larmes Secrétes, l'arbre de la liberté, autour du quel dansent les furieux qui les oppriment. Les Italiens, divisés entre eux, livrés à l'anarchie, cachent les mouvemens de haîne, et de vengeance qui les agitent, aux yeux des guerriers, alliés, qui les dépouillent. Les Suisses rougissent de la bassesse de leurs représentans d'Arau, gémissent de l'échange de leur simple liberté, contre un gouvernement populaire, trop compliqué, et trop dispendieux, scellé de leur sang, appuyé par une armée conquérante; Gouvernement qui ne les garantit même pas des rapines et des violences des commissaires, qui les ruinent, les insultent, et leur arachent, encore, de vils témoignages d'approbation, et de reconnaissance.

Les français veulent-ils juger si les peuples qu'ils on englobé dans leur anarchie en sont contens ou non? qu'ils retirent leurs troupes, et il verront bientôt, ces peuples reprendre leur religion, leurs loix, leurs moeurs; et, vraisemblablement leur ancien Gouvernement. On verrait la même chose, en france, si les gouvernans, cachant leur Sceptre de fer, invitaient les assemblées primaires à prononcer, hardiment le voeu de la majorité de la Nation.

Heureux les peuples qui ne connaissent, encore, ni ces calamités, ni cette tyrannie! en lisant ce tableau, dont les détails sont consignés dans toutes les feuilles publiques, qu'ils jettent les yeux sur leurs femmes, leurs enfans, leurs propriétés; ils chasseront, avec horreur, les incéndiaires, qui viennent prècher la destruction des trônes, des cultes, et des loix, qui assurent leur existence sociale, leur vertu, et leur bonheur.

De ces peuples un des plus heureux est, le Danois: le cultivateur est riche; sa propriété est assurée; par des loix bienfaisantes, et par un gouvernement sage, et modéré. Une marine respectable, un état militaire suffisant, un système financier peu onéreux, une cour sans luxe; qui ne se distingue que par une bienveillanc vigilante; un commerce actif, et avantageux. Une révolution commencerait par détruire tous ces biens réels : avec quoi pourrait-elle les remplacer? Heureux Danois, réfléchissez, comparez, vous continuerez à jouir, sagement, de votre sort tranquille, en benissant vos Princes : vous perpétuerez votre bonheur; et votre exemple sauvera vos voisins, habitans les rives de l'Elbe, qui imiteront votre sévérité contre les missionnaires du Crime, et de l'Anarchie.

CHAP. IX.

L'Angleterre.

Aucune puissance n'est plus menacée par le génie révolutionnaire, aucune ne peut ressentir plus funestement la maligne influence de la révolution française, aucune ne peut être plus promptement écrasée, ou sauvée par les résultats du Congrès de Rastadt que l'Angleterre.

Sans retracer, les événemens d'une guerre terrible, qui a trompé les calculs et les espérances de toute l'Europe, on ne peut qu'admirer l'espéce de contre-poids de succès, qui a tenu la balance égale entre la France et l'Angleterre, en montrant constammenr l'une invincible sur terre, et l'autre sur mer. Ces deux nations ont fait de grandes conquêtes, chacune sur son élément; toutes deux, lorsque les autres sont épuisées et découragées, développent plus d'énergie et de ressources, parce que ce sont les deux seules qui connaissent la réalité du mot *Patrie*, par conséquent chez lesquelles le patriotisme soit un mobile universel.

Nous allons voir bientôt si les Suisses, qui ont pareillement une partie et un gouvernement représentatif, qui indentifie le sujet au Souverain, sont susceptibles du même patriotisme. Si cela n'est pas, il faudra attribuer cette absence de vertu avec les mêmes mobiles, au vice de la constitution fédérative, qui, par la subdivision d'intérêts particuliers, absorde l'intérêt général, comme la Hollande et le Corps-Germanique nous en fournissent l'exemple frappant.

Dans cette lutte acharnée entre les Français et les Anglais, la gloire des premiers a été plus difficile à acquérir et plus brillante.

Les Français ont montré plus de courage, les Anglais plus d'habilité. Les Français ont eu tout à créer; les Anglais avaient une exellente marine. Si le Français n'avaient pas eu à soutenir une guerre universelle, qui occupait tout leur génie et toute leur population, ils auraient en peu de tems égalé, et peut-être surpassé les Anglais en nombre de vaisseaux et de matelots. Deux époques assez récentes en sont la preuve.

Louis XIV, dont l'ambiton aspirait à la gloire universelle, avait voulu avoir une marine; en peu de tems il en a créé une. Louis XVI, pour secourir les Américains, avait besoin de vaisseaux; en deux ans il il en avait porté le nombre de vingt deux, à quatre-vingt. Mais comme Louis XVI faisait alors contre l'Angleterre une guerre de coalition, il a éprouvé tous les malheurs résultans des plans combinés contre un ennemi qui n'a qu'un seul intérêt, une seule volonté, une seule action. En 1779, la descente en Angleterre a manqué par la lenteur Espagnole. Une autre fois, la défection des Hollandais a nui aux opérations. La cupidité et la division firent perdre une bataille décisive, et tous les efforts du dernier roi de Franca furent perdus.

Dans cette guerre révolutionnaire, la marine française a été désorganisée. Vingt vaisseaux, livrés avec Toulon, l'ont affaiblie, deux batailles navales l'ont achevée. Tout le génie, tout le courage, tous les efforts des Français se sont dirigés contre les peuples voisins qui menaçaient leur liberté. Leurs armes victorieuses ont porté au loin la terreur et le ravage, Ils ont abandonné aux Anglais l'empire de la mer, sans cependant rester entièrement inactifs. Leurs corsaires ont fait essuyer de grandes pertes au commerce anglais, tant dans les mers de l'Inde que dans celles d'Amérique et d'Europe. Une Escadre a détruit les pêcheries de Terreneuve; ils ont reconquis la Corse; ils ont chassé les Anglais de la Méditerrannée. Ils ont rétabli leur marine à Toulon; celle de Brest se remonte, et ils en ont conquis une à Venise et à Corfou; enfin, ils s'occupent trés-sérieusement d'une descente en Angleterre.

Il faut être très-imprudent pour regarder ce projet comme une chimère. Si la guerre reprend, il est certainement inexéculable; mais si les Français n'ont plus à faire qu'aux Anglais, ils parviendront à leur but par leur persévérance. La partie méchanique de la marine peut s'acquérir avec de l'argent et des bras. La partie technique s'apprend par la pratique, la gloire et les récompenses. Les Français ont un génie entreprenant et hardi, qui les rend susceptibles de tous les genres d'instruction et de travaux. Ces réflexions ne peuvent pas échapper au gouvernement anglais, et doivent lui causer de grandes inquiétudes.

L'Angleterre, après avoir éprouvé par ses propres troupes, sur tout à Toulon et à Dunkerque, l'invicibilité des Français sur terre, a vu ses alliés l'abandonner, l'un après l'autre, après l'avoir épuisée par de grands subsides. Le Congrès assemblé à Rastadt est fait pour lui enlever ses dernières ressources, en la privant de toute diversion. L'influence des résultats de ce Congrès sur le sort de l'Angleterre est décisive.

Si la paix se fait entre la France et l'Empire, les vaisseaux anglais, déjà expulsés de la Méditerranée, n'auront plus un seul point de relâche dans toute l'Europe. Le commerce de Brême, de Hambourg, de la

Baltique et du Nord leur sera fermé. Le corsairage se multipliera de tous les ports qui sont encore neutres. Leurs manufactures, déjà languissantes, tomberont entièrement. Les denrées de leurs immenses colonies seront interceptées, ou resteront encombrées dans leur magazins, pendant que l'entretien forcé de nombreuses escadres ruinera l'Etat.

L'opposition au gouvernement, l'esprit révolutionnaire, le mécontentement des nombreux ouvriers, sans travail et sans pain, la décadence du commerce, la méfiance que les cessations de payement et les banqueroutes partielles produiront dans les transactions mercantiles, l'embarras de la Banque, l'activité des Français à fomenter la discorde dans les trois Royaumes, la nécessité d'entretenir une nombreuse armée pour mettre les côtes à l'abri des insultes, la cherté de cette dépense, le danger de tenir armée toute la nation, au milieu de l'esprit de discorde et d'innovation qui l'agite ; cette réunion de calamités réelles suffit pour épuiser les ressources et le courage de la nation, qui tire toute sa force de ses richesses et de son commerce, quand même les Français n'emploieraient pas contr'elle des mesures plus décisives.

Que sera-ce si les Français, tournant toute leur force et leur industrie vers la marine, s'attachent opiniatrément à l'exécution d'une descente?

Il faut ici arracher le bandeau de l'illusion, et prouver que cette descente est possible. Ces citadelles flottantes, qui font la confiance de l'Angleterre, sont sujettes aux caprices de l'élément sur lequel elles stationnent. On a vu une escadre échapper à deux flottes anglaises, porter le corps de troupes commandé par le Général Hoche dans la Baye de Bantry, d'où il n'a été repoussé que par les vents, ayant eu plus de quatre jours libres pour effectuer la descente. Si elle eût réussi, c'en était fait de l'Irlande; elle se séparait de l'Angleterre, et devenait son ennemie.

On a vu une flotille de quatre frégates aller vomir sur la côte de Galles l'écume des bandits de la France, sans qu'on puisse encore deviner le but de cette hideuse expédition, qui a porté l'effroi jusques dans la capitale, parce que le télescope de la peur des uns, et du desir des autres, grossisait les objets. Ces deux essais ont été faits, l'un en dehors, l'autre à l'ouvert de la Manche, et ils ont réussi.

Tous les marins savent que ce canal, retréci entre deux terres élevées, a un courant journalier de trois lieues à l'heure, soit de marée montante, soit de marée-descendante; que les vents y sont constans et périodiques d'Est en Ouest, et de Ouest en Est; que leurs variations sont légères et de peu de durée; que par conséquent une escadre ne peut jamais bloquer un port par une station fixe, parce qu'elle est entraînée par les courants et les vents, sur-tout quand ils sont réunis dans la même direction; qu'il faut une habileté extrême et un travail très-fatigant pour croiser continuellement, afin de conserver le dessus du vent, et de n'être pes entrainé par les marées au dessous de sa station; qu'il est nécessaire de faire des relâches fréquentes pour faire de l'eau, mettre les malades à terre, et reposer et ranimer les équipages. *)

*) On a vu, pendant la guerre de 1778, les Escadres de *Johnstone* et de *Carteret* se dépiter contre

Tous les Marins savent que dans les parties les plus retrécies de la Manche la traversée d'une côte à l'autre, avec l'aîde du courant et d'un vent fait, n'exige que plusieurs heures; qu'une nuit suffit pour arriver d'une côte à l'autre; que le Canal est très-souvent couvert de brouillards qui peuvent encore favoriser le départ et l'arrivée. Voilà ce que tous les marins savent; aucun d'eux ne doute qu'un vaisseau, partant de la côte de France pour arriver à une destination fixe en Angletrerre, peut échapper aux croiseurs.

On objectera que ce qui est possible pour un vaisseau ne prouve rien pour une expédition qui demande un grand rassemblement de soldats, de canons, de chevaux, de munitions, de vivres, de vaisseaux de transport, de bâtiments de guerre. Cette objection, qui parait forte, n'est que plausible.

Il y a deux manières d'exécuter la descente en Angleterre; l'une, d'une armée

la station peu lucrative et trop fatigante de la Manche, passer du murmure à la révolte, et forcer leurs Commodores à rentrer dans les ports.

complette, portée sur ces navites marchands, convoyée par une flotte de guerre nombreuse, essayant, de vive force, de gagner la côte d'Angleterre, de repousser les flottes qui voudraient empêcher le passage et les troupes qui voudraient s'opposer à la descente, et de protéger ensuite, par sa formidable artillerie, l'établissement de cette armée jusqu'à ce qu'elle n'ait plus besoin de secours maritimes, soit pour son établissement, soit pour sa subsistance.

Cette manière n'est pas d'une exécution physiquement impossible, mais la supériorité des Anglais est si grande en habileté et en forces navales que toutes les probabilités sont contre le succès d'une pareille tentative.

1°. Il n'y a pas un port français dans la Manche où l'on puisse établir un pareil rassemblement. Il faudrait donc le diviser en plusieurs ports, comme cela a été très-mal arrangé, en 1779, entre le Havre, St. Malo et Brest.

2°. Il faut une rade fermée, ou un mouillage défendu, où l'on puisse rassembler tous ces points divisés, sous le convoi d'une grande flotte de guerre, pour partir ensemble, et il n'en existe aucun pareil sur la côte de France. Cherbourg même est insuffisant.

3°. Les préparatifs ne peuvent être que très lents et très dispendieux. Le projet sera connu ; les croisières et les stations des Anglais seront décidées par les énormes apprêts ; et le cabotage nécessaire, entre le point de réunion et les autres ports, sera facilement intercepté par les Anglais.

4°. Le point de la côte anglaise, menacé par le point de départ connu, sera fortifié avec plus de soin, renforcé de plus de troupes et d'artillerie.

5°. Les veuts, favorables au point de départ du convoi, seront contraires à la jonction de la flotte de guerre qui doit convoyer.

6°. La flotte anglaise, bien instruite des préparatifs, pourra à son choix attaquer la flotte française, soit avant sa jonction avec le convoi, soit après cette jonction qui l'embarrassera : dans l'un ou l'autre cas, si la flotte française est battue, l'expédition sera manquée, soit que le convoi, soit resté dans le ports, soit qu'il soit détruit à la suite de la défaite ; et toutes les probabilités indiquent que les Français seront battus.

7°. Si avant, ou pendand le combat, l'armée convoyée atteint la côte d'Angleterre, et tente la descente, son sort dépendra de l'issue du combat naval, et elle trouvera à terre d'autant plus de résistance, que les Anglais compteront sur la proximité du secours de leur flotte.

8°. Enfin, quoiqu'en disent les Français, s'ils éprouvent un mauvais succès, ruinés par un aussi grand effort, dépouillés de leurs dernières forces navales, ils ne recommenceront plus une entreprise aussi téméraire, ils termineront, avec honte, une guerre soutenue avec tant de gloire, et tous leurs lauriers seront submergés; leurs colonies, ainsi celles de leurs alliés, seront la proie de leurs fiers ennemis; et peut-être les puissances auxquelles ils auront imposé des loix trop dures à Rastadt profiteront de leur désastre pour les attaquer de nouveau.

L'autre manière de tenter une descente en Angleterre est partielle; elle peut s'exécuter de divers points, à la fois, ou l'un après l'autre. Elle n'exige ni grands vaisseaux de transport, ni grands vaisseaux de guerre pour escorter. Ses préparatifs, disséminés depuis la Hollande jusqu'a Brest, menacent plus de points, ont moins d'éclat, sont moins chers, et plus faciles.

Des chaloupes canonnières et bombardières, quelques frégates ou corvettes constituent toute la force navale, qui ne doit servir que contre les batteries de la côté. Des chasse-marées et des bâteaux pontés peuvent porter facilement les troupes, leurs canons et affûts en lest, leurs munitions, et pour huit jours de vivres. Il existe plus de quinze cents de ces chasse-marées sur la côté française de la Manche, depuis Brest jusqu'à Dunkerque, et presqu'autant de Dunkerque à l'Oostfrise. Chacun de ces bateaux, pour une traversée de vingt-quatre heures, peut porter en Angleterre cent hommes avec une pièce de canon, son affût et ses munitions à fond de cale. Ces bateaux échouent sans danger; le débarquement se fait aisément. Ils sont excellents voiliers; les matelots sont hardis; les patrons connaissent parfaitement les côtes anglaises. On peut réunir très-facilement, en trois jours, de tems, deux-cents de ces bateaux dans tel point de la côte que l'on voudra. Le rassemblement des troupes peut se faire en aussi peu de tems à point nommé. L'embarquement de l'artillerie démontée, de quelques chevaux avec leur fourage, des munitions, des vivres secs, des médicamens, peut se faire en trois heures, le débarquement se faire en aussi peu de tems.

Quarante chaloupes canonnières du nouveau modéle, portant chacune deux piéces de douze et quatre chevaux, en font l'avant-garde, et s'embossent sur l'estran même, au moyen de leurs fausses quilles. Elles couvrent la plage de feu, et donnent toute facilité à faire la descente sans inquiétude. Dix sacs à terre par homme, autant de palissades, et des outils donnent des moyens pour se retrancher.

Une pareille flotille peut porter facilement en Angleterre dix-mille hommes d'Infanterie, et cinq-cents chevaux, et étant maîtres du tems du départ, il est presqu'impossible que les croiseurs interceptent le passage. Une partie des chaloupes canonnières reste embossée avec les troupes; les autres avec les chasse-marées retournent au point d'où elles sont parties, pour revenir toutes les nuits en détail approvisionner le camp retranché, dont les vaisseaux ennemis ne peuvent pas approcher, tirant trop d'eau, et n'osant pas s'exposer aux batteries à boulets rouges du camp, et des canonnières embossées.

Il existe sur la côte méridionale et orientale de l'Angleterre, qui est très-dentelée, une infinité de points susceptibles d'une telle descente, dont les Anglais ne connaissent peut-être pas eux-mêmes toute l'importance. Ainsi ce moyen de descente peut se multiplier sur plusieurs points de la côte d'Angleterre avec le même secret, la même célérité, le même succès.

On objectera qu'un corps de dix-mille hommes est une poignée de monde, qui ne peut pas résister à la nombreuse armée que les Anglais rassembleront contre lui. Cela serait vrai, si cette multitude pouvait tout-d'un-coup se porter contre les Français avant qu'ils fussent retranchés; mais c'est ce qui ne peut pas être: une fois retranchés, il faut les assiéger régulièrement.

Un pareil nombre d'hommes a arrêté, pendant deux mois dans les retranchements de terre du fort de Kehl, une armée autrichienne, nombreuse, victorieuse alors, plus aguerrie que les Anglais, pourvue d'habiles Ingénieurs, d'une bonne artillerie de siége et d'excellens canonniers. Les Anglais ne peuvent pas se flatter d'emporter d'emblée des retranchemens garnis de dix mille français aguerris et d'une formidable artillerie.

Une fois jetés dans les lenteurs d'un siége, sans expérience de ce genre de guerre, sans Généraux habiles, sans Ingénieurs, sans artillerie de siége, craignant de pareilles expéditions sur plusieurs autres points de la côte qu'ils n'oseront pas dégarnir; le patriotisme des milices se refroidira, la dépense augmentera, le commerce sera anéanti; les banqueroutes particulières, la cessation forcée des payements, la consternation des villes, des campagnes, des manufacturiers, et surtout le mécontentement du peuple et le génie révolutionnaire, amèneront le désordre et le cahos. Alors la ressource des Anglais, même avant une défaite, sera une paix humiliante et chèrement achetée, en supposant que les Français, qui n'ont pas la vertu de se borner dans leurs victoires, ayent la modération d'y consentir.

Supposons le cas le plus favorable à l'Angleterre, que les Français soient repoussés à la première tentative; ce ne sera sûrement pas au moment de la descente. Tout homme qui connaît la guerre sçait qu'il est impossible d'empêcher une descente: ce sera donc à la suite du siége de leurs retranchemens qu'ils y seront forcés, et passés au fil de l'épée, ou faits prisonniers. Que fera à la France la perte de dix mille hommes qui en auront coûté au moins autant à l'Angleterre? Elle rectifiera ses mesures, et recommencera.

Il faut conclurre. 1°. Qu'une descente en masse en Angleterre, ou en Irlande, est sujette à d'énormes difficultés, et de grands inconvéniens, mais qu'elle n'est pas physiquement impossible; qu'une armée de soixante à quatre-vingt-mille hommes, une fois passée en Angleterre, peut y subsister, sans avoir besoin d'être ravitaillée par mer; que par la disposition du peuple anglais, par l'ascendant que prend dans toute l'Europe la démocratie, elle trouvera des partisans et des ressources dans un pays riche, abondant et tout ouvert; qu'une pareille armée suffit pour marcher à Londres, soumettre l'Angleterre, abattre le royalisme, et changer la constitution.

2°. Qu'une ou plusieurs descentes partielles sont d'une exécution bien plus facile, font presque le même effet, et forment l'avant-garde de la grande descente, en lui assurant une tête-de-pont.

3°. Que la seule menace d'une grande descente tient toute l'Angleterre en échec, la ruine par des croisières très-fatigantes, par l'armement des côtes et par une *Standing-Army;* que l'Angleterre ne peut pas soutenir cet état de perplexité, aussi longtems que la France peut en continuer le simulacre.

4°. Que la menace d'une grande descente ne peut cesser, que par une guerre générale contre la France, qui occuperait ailleurs les forces destinées à ce projet, ou à ce simulacre, ou par la paix universelle; que c'est à Rastadt que l'une ou l'autre doit être décidée; qu'ainsi le sort de l'Angleterre dépend entièrement du résultat des négociations de Rastadt.

On a prouvé, au Chapître du Dannemark, que l'intérêt des puissances maritimes est que le projet de la descente en Angleterre, non seulement soit sans succès, mais cesse d'exister. Les Puissances continentales y ont le même intérêt. La banqueroute universelle qui s'ensuivrait, tout le numéraire de l'Europe entre les mains d'une nation avide et sans frein, toute la puissance de terre et de mer réunie en elle, ne laisseraient plus aucune borne à son ambition et à sa rapacité, qu'on a toujours vu croître en proportion de ses succès. La chûte de tous les trônes, l'anéantissement de toutes les constitutions politiques, civiles et religieuses, en seraient le funeste résultat. La démocratie dévorerait l'Europe, et finirait par se dévorer elle-même.

La prise de Malte par *Buonaparte* est un événement très fâcheux, pour l'Angleterre. Ce port, le meilleur de la méditerranée, est le cap de bonne Espérance des mers du Levant. Les Anglais ne peuvent ni attaquer cette importante station, ni en établir une qui la balance, ni protéger, dans ces parages, leur marine marchande, contre le Corsairage que les français peuvent y établir, pour la détruire. C'est bien autre chose que la possession de Gibraltar, qui perd toute sa valeur, par cette station française. La domination de la méditerranée est assurée par cette conquête, et l'Angleterre se voit arracher, sans effort, sa riche branche de commerce, du Levant, et d'Italie.

Il semble que l'Angleterre n'a pas assez prévu cet événement, et qu'elle aurait dû se préparer plutôt pour l'empêcher: il semble que le renfort qu'on a envoyé au Lord *St. Vincent*, pour le mettre en état de détacher l'Admiral *Nelson*, dans la méditerranée, aurait dû être dépèché un mois plutôt; afin qu'il pût aller bloquer Toulon, intercepter l'escadre de Corfou, et les armemens de Gènes, et de civita Vecchia; ou, même, aller prendre corfou, dégarni de troupes et de vaisseaux, après le départ de son armement, ou, enfin, se porter à Malte, pour prévenir le Grand-maître, l'aider dans ses préparatifs de défense; revenir en suite, veiller sur les mouvemens de *Buonaparte*; le forcer à se laisser consumer dans les ports, ou l'attaquer, et le battre, s'il en sortait.

Soit que l'Angleterre puisse être accusée d'imprévoyance, ou de nonchalance dans ses dispositions, soit qu'il lui ait été impossible d'expédier plutôt le renfort pour la Méditerranée, le mal est irremédiable; et c'est, depuis le commencement de cette guerre, le coup le plus sensible, qui ait été porté à l'une des deux puissances belligérantes. Cette partie de l'expédition de *Buonaparte* est parfaitement bien combinée; le sur plus porte le caractère de l'héroïsme, ou de l'Aventure. On examinera la suite de cette expédition au chapitre de la france.

Revenons à l'Angleterre. Si la prise de Malte lui est funeste, pour son commerce, d'un autre côté elle la sauve, ainsi que le Portugal, d'une attaque directe, qui, vu les progrès de la rébellion d'Irlande, pourrait porter la guerre, la plus dangereuse dans son sein. Elle n'a plus à craindre que le conquérant de l'Italie, à la tête de la nombreuse élite des vainqueurs du continent, vienne tenter de descendre en Angleterre, pour y porter le fer, la flamme, et l'Anarchie. *Buonaparte* est perdu pour la guerre d'Europe; enseveli dans ses aventures Orientales, il ne peut plus combattre les Anglais, que dans des points éloignés; et, parvînt-il à conquérir l'Inde, il ne peut ni sauver les colonies espagnoles et françaises, ni disputer aux anglais le trident de *Neptune*. Le Directoire français a oublié la parodie du vers de *Mitridate*, devenue un axiome politique, pour la france.

On ne vaincra jamais les Anglais que dans Londres.

A la vérité ce danger direct n'est que suspendu, pour un très long tems, peut être; il n'est pas encore entièrement dissipé. Les français, débarassés de la guerre du continent, par la paix qui peut se conclure, trouvant dans l'orient, et peut être dans l'Inde, de nouveaux trésors, peuvent persévérer à la continuation d'une guerre qui s'alimente d'elle même; et reprendre, dans un an, ou deux, le projet de la descente en Angleterre, avec de plus grands moyens. Quelques gigantesques que soient leurs plans, quoi qu'ils ne soient calculés ni sur la prudence humaine, ni sur des données solides, tout leur réussit.

Qui eût dit, en 1793, que les français prendraient la Hollande, sans tirer un coup de fusil, conquerraient l'Italie, y détruiraient, rapidement, cinq armées impériales, forceraient, à une paix humiliante, et onéreuse, les puissances les plus formidables de l'Europe, resteraient maîtres de toute la rive gauche du Rhin, soumettraient les suisses, auraient une escadre formidable, dans la méditerranée, en enleveraient la domination aux Anglais, les chasseraient de *St. Domingue*, désoleraient leur commerce, les forceraient à tenir trois cent mille hommes armés sur leurs côtes, tiendraient, en échec leurs formidables escadres, épuiseraient leurs finances, seraient sur le point de détacher l'Irlande, et, peut-être de faire triompher la dévastatrice Démocratie, et de renverser cette constitution, dont les Anglais sont si glorieux; prendraient, sans résistance, l'inexpugnable rocher de Malte, anéantiraient cet ordre militaire et noble, et tenteraient d'aller détruire, dans l'Inde, la puissance Anglaise, ou de renverser le trône des Ottomans? tout cela est arrivé, non pas par les efforts de la prudence humaine; elle n'a pas été consultée, mais par la fougue impétueuse, dont cette nation est plus susceptible que toute autre; en dissipant les trésors, prodiguant le sang humain, et multipliant sa masse par sa vitesse.

L'Angleterre doit trembler si elle n'oppose pas la rapidité, à la rapidité, l'audace à l'audace: les moyens réguliers, et prudents ne suffisent plus. Si elle ne termine pas promptement sa guerre civile d'Irlande, si elle use ses forces navales à des croisières fatigantes, et rebutantes pour ses matelots, si elle continue à deshonorer ses armes, par de petites attaques partielles, si elle ne porte pas, à tems, dans l'Inde des forces de terre, et de mer respectables, si elle attend que le fléau de la guerre atteigne son isle; et menace sa métropole, elle perdra ses Colonies, unique soutien de sa marine; sa force navale diminuera tous les ans; l'Irlande lui échapera; et ce sera le pont par le quel les français entreront en Angleterre. Si, une fois les Anglais sont joints, corps à corps, par cette masse de guerriers, accoutumés à la victoire; ils succomberont. Rien, alors, ne pourra les sauver; et les français, tout en protestant de leur modération, tout en assurant qu'ils n'ont les armes à la main, que pour rendre les peuples libres, deviendront, volontairement, ou par nécessité, les dominateurs de l'univers.

Toutes les puissances de l'Europe; semblent s'être entendu, pour préparer les succès de la Démocratie désorganisatrice: tous les trônes qui restent encore debout, seront entraînés par la chûte de l'Angleterre: elle ne peut pas seule, malgré sa supériorité navale, resister toujours aux efforts obstinés de la grande Nation. Les puissances creusent, elles-mêmes, leur tombeau, par leur égoïsme, et leur insouciance sur le danger de l'Angleterre; une fausse prudence les aveugle. Si, dans un incendie, on ne va pas porter secours à la maison de son voisin, on a bientôt le feu, dans sa propre maison.

Sans doute, un jour, cette coalition du bon sens, contre la folie, de la philantropie contre la domination tyranique, des moeurs contre le crime, des loix contre l'anarchie; des honnêtes gens, contre les scélérats, aura lieu dans toute l'Europe. Les peuples se révolteront contre l'injustice, non, peut-être, par la haîne qu'elle mérite, mais par la crainte qu'elle inspire. Mais attendra-t'-on que tous les Gouvernemens soient renversés, que tout soit désorganisé? qui aura droit, alors, de ralier les peuples, sous l'étendard de la raison?

Comment les Souverains peuvent-t'-ils, en ce moment, sacrifier à un petit intérêt topographique la sureté de leur existence? ils imitent le Gouvernement français, qui va toujours conquérant, sans prévoir que son augmentation territoriale diminue sa force réelle; que l'amalgame de peuples incorporés par force, forme un mélange de liberté et d'esclavage, d'oppresseurs, et d'opprimés qui doit renverser la République-mère; que Bataves, Helvétiens, Cisalpins, Liguriens, Romains, dont le gouvernement ne marche qu'avec l'apui des bayonnettes françaises, et sous le bon plaisir des Proconsuls de la grande Nation, n'aspirent, réellement, qu'après le moment de briser leurs fers, en conservant, peut-être, les formes républicaines.

Irlande.

L'Irlande a presque été sur le point d'augmenter le nombre de ces républiques opprimées. Il parait que la guerre civile que la france y avait attisée, tire à sa fin. Ce peuple eût été très malheureux si la révolution eût réussi; mais l'Angleterre eût été perdue. C'est l'expédition disparate de *Buonaparte* dans le Levant, qui a sauvé l'Angleterre, et qui a livré au glaive des loix, les rébelles que le Directoire français y a suscités. Les Irlandais, sacrifiés au machiavélisme de ce Directoire; ne peuvent qu'abhorrer les agitateurs, qui ont amassé toutes les calamités sur leur patrie, devenue un désert. Cette rébellion, étouffée presque dans sa naissance, doit resserrer les noeuds qui unissent l'Irlande, à l'Angleterre. Le mal que le Directoire français a voulu faire à son ennemi doit retomber sur lui-même.

Il y a à présumer que le Gouvernement français n'a consulté que son intérêt, au quel il a sacrifié la nation Irlandaise, en faisant éclater trop tôt sa rébellion. Le soutien de ces rébelles eût exigé de grandes dépenses, dont rien ne l'eût dédomagé.

Armes, munitions, habillement, argent, il eût fallu tout porter en Irlande; non seulement pour les troupes françaises, mais pour les Irlandais mêmes. Ce n'est pas dans ce pays pauvre, et sauvage, qui ne fournit à ses habitans que des comestibles, que les Argonautes français pourraient aller chercher la toison d'or. Une pareille expédition n'eût pas pu contenter des guerriers, à qui on promet toujours des trésors. Ils eussent, justement regreté les délices de l'Italie, et les fertiles bords du Rhin. Un Gouvernement, appuyé sur de bayonnettes, est obligé de caresser les soldats, et d'arranger sa politique, et ses opérations sur leurs habitudes, et leurs desirs.

Le Directoire n'a donc, vraisemblablement, pas eu l'intention sérieuse, de porter la guerre, en Irlande; mais il a voulu, en fixant l'attention du Gouvernement Anglais, sur ce danger rapproché, le mieux tromper, sur ses attaques éloignées. Il a parfaitement réussi; car sans la menace de la grande descente, en Angleterre, et de l'expédition d'Irlande, les Anglais eûssent pu faire une disposition plus active de leurs forces maritimes, dont la plus grande partie s'est trouvée enchaînée à la préservation de l'Angleterre, et de l'Irlande.

Si les Rébelles irlandais, étaient restés maîtres de Wexford, s'ils avaient pris consistence dans la partie méridionale de cette Isle, sur tout dans les Ports de Corck, Kingsale, Waterford, les Français auraient souvent pu, en aventurant de petits bâtimens armés, leur faire passer des munitions, des armes, des ingénieurs, des canoniers, etc, ces ports, entre les mains des rébelles, eûssent été des points assurés de passage, ou pour la grande descente, ou pour des descentes partielles; ce qui eût, ou décidé contre l'Angleterre, ou perpétué cette guerre barbare. Heureusement, pour l'humanité et la morale, les français n'ont pas profité de l'époque où les rébelles tenaient les côtes: les Anglais ont trouvé moyen de les déloger, de les enfermer dans les montagnes de l'intérieur, de leur couper toute communication avec la mer. La rébellion est, à peu près expirante, les principaux chefs ont succombé, ont été pris, ou sont soumis.

Après avoir dompté les Irlandais, il ne reste au gouvernement Anglais qu'à les éclairer sur la mauvaise foi du Directoire Français, qui les a sacrifiés ; sur la tyrannie d'une fausse liberté, qui aurait rendu leur sort, encore plus malheureux, que celui des Suisses. Le Roi d'Angleterre doit ramener les Irlandais à la raison, par la bonheur, leur inspirer l'amour de la Patrie, par la participation égale de ses bienfaits; effacer les distinctions nationales, qui ont toujours s'éparé les deux peuples, et qui ont toujours fait tomber sur l'Irlande le poids et la honte de l'infériorité. Il ne doit être Roi de l'Irlande que comme il l'est de l'angleterre ; tous les sujets de l'Empire Britannique doivent être égaux et frères ; voilà la vraie *égalité*, la vraie *fraternité*, qui doit rendre *une* et *indivisible* la masse des citoyens des trois Royaumes, qui composent la nation anglaise.

L'Inde.

Échapée du danger de l'Irlande, par le machiavélisme et l'instabilité des plans du Directoire français, l'Angleterre a à pourvoir à un second danger; c'est celui qui menace ses possessions de l'Inde. Son ennemi, par le prestige Oligarchique, a mis autant, et peut-être plus de secret, que les Despotes et les Rois, dans son plan, bon ou mauvais, d'aller détruire dans l'Inde la source des richesses des Anglais. On peut présumer que l'escadre de l'amiral *Richery*, partie, très mistérieusement, il y a six mois, est destinée à soutenir les projets d'expédition des Français dans l'Inde. Le traité annoncé avec *Tipoo-Saib*, les grands succès du corsairage de la marine Française de l'Isle de France; la tentative de pénétrer dans l'Inde; par la voye de la Mer rouge et du Golphe persique, sont les apuis et les branches d'un projet gigantesque dont une multitude d'obstacles phisiques, et moraux rendent les difficultés presque insurmontables; mais dont l'impossibilité n'est pas démontrée.

Si l'amiral *Richery* arrive dans l'Inde, si son escadre, jointe à celle des frégates de l'Isle de France, et, peut être à quelques vaisseaux hollandais, lui assure la supério. rité dans ces mers, le ministère Anglais, sera encore plus inexcusable, de n'avoir pas fait partir, à sa poursuite, une forte escadre, pour l'observer, et le combattre. à la vérité si le projet du transport d'une armée française, dans l'Inde, par l'Arabie, et l'Egypte a lieu, les Anglais ont encore le tems d'aller s'opposer à sa traversée de la mer de l'inde, même en partant de l'Europe, pour Bombay, en aoust, ou septembre 1798.

La traversée de la mer rouge, et du Golphe persique, à la presqu'isle de l'inde, est assujétie à des mousons, ou vents réguliers, qui souflent, pour l'inde, depuis le mois d'avril, jusqu'au mois de semptembre, seulement; les autres mois procurent une mouson contraire, de l'Inde, au Golphe persique, et la mer rouge. Ainsi, en supposant que les français trouvent tous les préparatifs, faits d'avance pour leur embarquement, dans ces mers qui offrent peu de ressource (en supposant que la traversée des déserts, et la navigation de la mer rouge ne ruinent pas leur armée, avant d'arriver au terme de l'embarquement pour l'inde) il ne pourront pas profiter des mousons, pour la traversée des mers de l'inde, avant le mois d'Avril 1799.

Les Anglais ont donc tout le tems de chercher *Richery*, pour le combattre. Cet amiral ne peut pas stationer, sous les Isles de France, et de Bourbon, qui n'ont que des mouillages ouverts. Il n'y a aucun port, à la côte de l'Inde; tout au plus, peut-il se tenir dans les Ports de l'Isle de Madagascar; ou aller respirer l'air malsain de Batavia. S'il cherche à forcer Trinquemale, ou Goa, Diou, Surate, il se jette dans uue expédition préliminaire qui peut échouer, si les Anglais y ont pourvu d'avance. Tout est contre les français, et favorable aux Anglais dans ces mers, où ils ont le port de Bombay, en propriété, et sûrement l'usage de celui de Goa. De ces deux excellents Ports de la côte de Malabar, ils peuvent établir leurs croisières à l'entrée des détroits de Babelmandel, et d'Ormuz, pour attendre l'expédition française.

Si *Richery*, s'est rendu, avant eux, au point intermédiaire de l'Isle Zocotora, ils peuvent l'attaquer, au mouillage. Il faudrait une coïncidence de hazards, très extraordinaire pour que l'escadre de *Richery*, renforcée de celle de l'Isle de France, se trouvât, à point nommé, au débouquement du convoi français, de manière a pouvoir le convoyer, sans malencontre, à la côte de la prèsqu'Isle de l'Inde; et que le général français pût opérer sa jonction, avec

Tipoo-Saib; s'il est vrai qu'il soit allié avec la France; ce que nie l'Angleterre. Si tout cela réussissait, il est certain que l'empire Indien des Anglois courrait le risque, presqu'inévitable d'être détruit de fond en comble, parce qu'ils rentreraient dans les hazards d'une guerre de terre, où l'apui de quelques milliers de français, accoutumés à vaincre, en Europe, et ayant surmonté toutes les difficultés que peut présenter la nature, donnerait à leur Mortel ennemi, *Tipoo-Saib*, une énorme supériorité sur eux: parce que l'apparition de ces français pourrait déterminer les Marates, et les différens Nabats, et Rayas de l'Inde, à se réunir, pour venger leurs anciennes injures.

Il est donc, infiniment essentiel, pour les Anglais, d'empècher les français d'aborder sur le continent Indien; et, pour cela, ils doivent réunir tous leurs moyens militaires, non seulement pour la sureté de leurs propres établissemens, mais essentiellement sur celle de Diou, Surate, et tous les Port de la presqu'Isle de Cambaye; et principalement sur Goa, qui, s'il tombait, par surprise, ou par force, entre les mains de français, deviendrait, pour eux, une plac d'armes inexpugnable; et leur assurerait la supériorité absolue dans l'Inde.

Les Anglais doivent veiller, avec le même soin, sur les autres établissemens des Portugais de la côte de Malabar, et même sur ceux des puissances neutres de la côte de Coromandel. Ils ont le plus grand intérêt à augmenter leur supériorité dans ces mers; à y multiplier leurs stations, pour détruire la flotille de l'Isle de France, et, surtout, l'escadre de *Richery*, si sa destination le porte dans ces mers. Ils doivent souvent visiter l'Isle de Madagascar, et les détroits de Babelmandel, et d'Ormuz, pour fermer, aux français, toutes les routes qui conduisent dans l'Inde, et couper, en même tems, la communication entre Batavia, l'Isle de France, et l'Europe.

La Gréce.

Si la destination de *Buonaparte* n'était pas pour l'Inde; s'il débarquait son armée en Morée, ou à Constantinople; si cette grande expédition n'était qu'une incursion de brigand, pour aller piller le sérail, ou une mission apostolique, pour aller rétablir les Républiques Grécques, tout le plan du Directoire tounerait à l'avantage de l'Angleterre. Dominante dans la méditerranée, par la supériorité de sa flotte, elle tiendrait, dans ses mains le sort de l'Orient et de l'Italie. Une alliance s'ensuivrait, naturellement, entre la Russie, l'Autriche, la Turquie et l'Angleterre. Tous les ports de la méditerranée, et du Levant redeviendraient à sa disposition : la guerre générale ne tarderait pas à éclater contre un Gouvernement ennemi du genre humain ; et c'est en Turquie que commencerait le dernier acte de la révolution française.

Portugal.

La Direction de *Buonaparte*, en Levant, sauve, pour un tems, le Portugal, qui n'a pas un danger irrésistible à courir, tant qu'il n'est exposé qu'à une attaque par terre. Il est presque certain que cette attaque n'aura pas lieu, cette année : quantité de circonstances peuvent empêcher qu'elle n'ait lieu l'année prochaine. Le Portugal a tout le tems d'arranger sa défensive en Europe ; il peut encore donner ses soins à renforcer sa marine, assurer ses convois du Bresil, transporter dans l'Inde une escadre, et des troupes, pour éviter d'y être attaqué à l'improviste: il peut, même, par une entreprise hardie, se délivrer du dangereux voisinage de la Guyane française; et, peut être de Surinam, s'il a à se plaindre des Bataves. Il serait dans l'ordre des choses possibles que ce petit Royaume devînt conquérant, après avoir été menacé d'être conquis. Telle est la direction que le Gouvernement anglais doit chercher à donner à son allié, en lui administrant, avec franchise, les plus grands secours, pour sa propre sureté.

Espagne.

Quant à l'Espagne, il est essentiel, pour l'Angleterre de la tenir dans son inactivité, soit par des ménagemens, soit par des menaces, soit par des négotiations secrétes, pour ramener sa politique au point de son véritable intérêt, qui est de ne pas prendre une part trop active dans une guerre de mer, qui, si elle était poussée à l'extrémité, des deux côtés, entraînerait, certainement la perte de ses colonies, quelque fût le parti qui triomphât. L'armistice tacite qui subsiste entre les Espagnols et les Anglais, doit naturellement finir par une paix séparée;

c'est à quoi doit tendre le cabinet de St. James; c'est à quoi incline la nation Espagnole; c'est à quoi se déterminera, un jour, le cabinet de Madrid, quand les circonstances lui permettront de se délivrer du joug de l'alliance, aussi inégale que dangereuse, au quel le tient asservi le Directoire français

Si *Buonaparte*, au lieu d'aller prendre Malte, se fût rendu sur la côte orientale de l'Espagne, il eût, nécessairement forcé la cour de Madrid à prendre toutes les mesures de rigueur, qu'il eût exigé; à joindre, au convoi de Toulon, l'escadre de Carthagène; peut-être à tenter ensemble le passage du détroit, et tâcher de dégager la flotte de Cadix: ou, si cette entreprise eût paru trop périlleuse, à fournir des chevaux, et des charrois, pour traverser l'Espagne, à la renforcer de toute l'armée Espagnole; à participer, à contre-coeur, à la conquête du Portugal, ce qui privant la flotte Anglaise de sa station de Lisbonne, eût rendu le blocus de Cadix plus difficile, l'eût, peut-être forcé à le lever entièrement; et eût opéré, ensuite, la jonction des flottes combinées, pour aller dégager celle de Brest, appuyer la rébellion des Irlandais, démeubrer l'Angleterre, et reprendre, avec tous ces moyens réunis, le grand projet de descente.

Il semble que ce plan eût été plus direct, plus raisonnable que celui d'aller se jetter sur le Levant, malgré l'avantage, très considérable, de la possession de Malte ; il n'y a qu'un succès complet qui puisse justifier cette diversion orientale, qui écarte les français du vrai but de la guerre, emploie, au loin, et d'une manière moins directement utile, la moitié de leur faible marine, leur fait perdre l'utilité de l'alliance de l'Espagne, dont il paralise la marine, et réfroidit les intentions. Le ministère anglais peut tirer un grand avantage politique de cette faute, pour détacher l'Espagne, ou la neutraliser, sur tout si *Nelson* fait échouer les projets du célébre *Buonaparte*.

Expéditions Navales.

Un autre avantage que procure à l'angleterre l'expédition orientale *Buonaparte*, c'est de donner plus de latitude à ses opérations navales. Il parait qu'à cet égard, les Anglais font bien des fautes ; que quand leurs plans d'attaque sont mixtes et combinés, de terre et de mer, ils ont, presque toujours été ou mal dirigés, ou mal exécutés. On peut prendre, pour exemple, les expéditions de Portorico, de Teneriffe, de St. Domingue, des Moluques, et d'Ostende. N'examinons que cette dernière parce qu'elle s'est passée sous nos yeux. Il est toujours maladroit d'entreprendre le *moins*, avec les moyens d'exécuter le *plus*. La flotille du général *Coote* était suffisante, alors, pour attaquer l'Isle de Valcheren, et, peut-être, chasser les français de flessingue, à l'aide du mécontentement des Zélandais, et du parti stathoudérien. La tentative d'aller couper les écluses d'Ostende était plus dangereuse, plus incertaine, ne pouvait produire aucun avantage important, pour le but de la guerre, et nuisait aux seuls habitans du pays, qu'il faut toujours ménager, tant qu'on le peut, même dans les guerres les plus actives. Cette expédition se faisait trop près de Dunkerque pour réussir complétement, quand même on eût eu le tems le plus favorable; elle était odieuse, et ne menait à rien. L'échec que les troupes anglaises y ont reçu est encore plus facheux pour la réputation de leurs armes, que pour la perte en hommes. Il semble que le gouvernement anglais ait voulu donner au directoire français la revanche de l'attaque de l'Isle St. Marcou.

St. Domingue.

Les anglais peuvent se regarder comme, à peu près, chassés de St. Domingue, où ils ne tiennent plus que le môle St. Nicolas. On ne conçoit pas trop comment ils se sont obstinés, aussi longtems, à conserver ce pays, qui leur coûte tant de millions et d'hommes. Leur vengeance, de ce côté, est toute prète si la guerre éclate entre la france et les Etats unis; leur politique n'est point de garder, pour eux, cette Isle immense, mais elle est d'acord avec la philantropie, pour l'arracher des mains de la démocratie française, en faisant, avec les américains, le plan, très raisonable d'y établir les émigrés français. C'est l'unique moyen d'éviter le contact révolutionaire dans leurs propres colonies. La dépense du rassemblement des Emigrés, et de leur transport à St. Domingue serait bien compensée, par l'immense utilité de cet établissement. Ce serait une de ces occasions.

trop rares, où la coopération militaire de deux peuples aurait produit le bien de l'humanité.

Ligue du Nord.

L'Angleterre, par la défection de tous ses alliés, se trouve isolée, et ne tient, présque plus, au continent : mais la conduite vexatoire du gouvernement français avec les puissances neutres, sa politique agitatrice qui menace tous les souverains, et tous les peuples, sa tyrannie spoliatrice envers ses plus fidéles alliés, la dureté de ses négotiations, toujours accompagnées de menaces, ses usurpations, ses conquètes inatendues, qui semblent devoir embrasser tout l'univers, l'inquiétude et la jalousie des peuples qu'elle n'a pas encore atteints, mais qu'elle menace tous, donneront à l'angleterre, qui seule lui fait tête, couragesement, des alliés qu'elle n'aurait pas dans toute autre circonstance. La Russie, et les puissances du Nord se ligueront, nécessairement, avec elle, pour défendre leur culte, leurs moeurs, leur loix, leur constitution, contre la démocratie, qui a dévasté le midi de l'Europe.

Le Directoire français, dont les protestations d'équité, et de desir de la paix sont continuellement démenties par sa conduite et par ses plans, éléve, contre lui-même, un orage, qui éclatera au premier revers qu'il essuyera dans quelqu'une de ses expéditions gigantesques. Puisse, alors, l'anglerre ne pas abuser de la faveur générale, qu'elle devra moins à la confiance des peuples, qu'à la maladresse du gouvernement français! puisse, alors sa politique être dépouillée de cette morgue, et de cette dublicité, qui ont, souvent fait faire, à toute l'Europe, des voeux contre ses succès! Puisse-t'-elle bien méditer le funeste exemple d'un peuple aveuglé par la fortune, pour éviter ses excès, pour mériter ses avantages, et pour ne pas les perdre, par trop d'orgueil, et d'avarice.

CHAP. XI.

L'Espagne.

Cette Puissance a passé par tous les degrés d'humiliation depuis la révolution française. Il était tout naturel que reléguée à l'extrémité de l'Europe, n'ayant aucun secours voisin à attendre, toujours vaincue, effrayée des succès des Français, et plus encore de leur révolution, elle se fût séparée de la coalition, et qu'elle eût fait sa paix particulière.

Mais pour trouver les motifs qui ont engagé la branche espagnole de la Maison de *Bourbon* à s'allier avec les meutriers du Chef de sa famille contre l'Angleterre, il faut fouiller dans le cahos des intrigues de Cour et dans le foyer des passions; car cette démarche était contraire aux intérêts de la nation espagnole, et à la saine politique.

L'Espagne avait fait la guerre à la France, sans prévoir qu'il lui fallait une armée de terre; elle en avait été punie par ses défaites. Cette première leçon ne l'a pas corrigé de son imprévoyance. Avant de s'engager dans une guerre contre l'Angleterre, elle aurait dû calculer que la marine française étant anéantie, tout le poids retomberaît nécessairement sur elle; que pour lutter avec un ennemi aussi formidable, elle n'avoit à opposer qu'une marine inerte et sans expérience; que ses vastes colonies étaient ouvertes et sans défense; que les retours de ses flottes d'argent seraient exposés au pillage, ou au moins à des retards, qui occasionneraient souvent de l'embarras dans ses finances.

Que pouvait-elle prétendre de l'issue de cette guerre, en supposant que les événements en fussent entièrement favorables pour elle et son alliée? Envahir le Portugal, et reprendre Gibraltar? Mais ces deux expéditions ne peuvent réussir qu'avec le secours de l'armée française. Le danger du séjour d'une pareille armée en Espagne ne peut lui être que très-funeste; il détruirait tous les avantages de ces deux conquêtes, en introduisant en Espagne la désorganisation morale et religieuse, ou en détruisant violemment, malgré la Cour, l'alliance incohérente des deux nations, par l'antipathie naturelle des deux peuples, et par l'indignation des préjugés espagnols contre l'immoralité des nouveaux français.

Ces deux expéditions seraient lentes, dispendieuses et incertaines; leurs frais immenses retomberaient sur l'Espagne seule; il faudrait encore récompenser les français par de nouvelles cessions, qui vraisemblablement ouvriraient les colonies espagnoles de Terre-ferme à la funeste activité des français. En supposant même que ces colonies restassent intactes, et que les compensations se fissent aux dépens du Portugal, les français exigeraient au moins le Brésil, en tout ou en partie. Et quel voisinage!

Faire réussir, par la réunion de leur flotte, le projet de descente des français en Angleterre?

Aucune des nations de l'Europe n'est réellement plus intéressée que l'Espagnole à ce que les français échouent dans un projet qui leur donnerait l'Empire de la mer, et les rendrait les maîtres de l'univers. L'Espagne peut éprouver quelquefois de la part du fier gouvernement Anglais des humiliations et même quelques vexations: mais l'Angleterre ne peut jamais avoir le projet, ni de détruire son commerce, ni de conquérir ses colonnies. Elle est elle-même intéressée, par ses propres relations mercantiles, à ménager l'Espagne, et à user de sa supériorité avec modération.

Il n'en est pas de même de la France. Si elle réussit à envahir et désorganiser l'Angleterre, elle soumettra l'Espagne à son joug, comme la Hollande et la Suisse, ou bien, si elle veut trop tard secouer ce joug, elle lui fera ressentir le poids de sa colère. Le moins qui puisse lui arriver, c'est qu'elle s'empare, bon-gré, mal-gré, de son commerce des Indes, et qu'elle se donne des stations fixes au Mexique et au Pérou. Alors l'esprit révolutionnaire, dont la marche est indépendante de la politique du Gouvernement français, qui souvent précipite et croise les démarches de ce Gouvernement, mais qui ne se laisse jamais diriger, commencera ses travaux apostoliques parmi les Indiens opprimés et les colons mécontens. L'active démocratie égorgera les Vicerois, rompra tous ses liens avec la métropole, fera le commerce exclusif des denrées de l'Europe avec ses instituteurs, et l'Empire des Indes sera perdu.

L'Espagne elle-même sera catéchisée, en même-tems que ses colonies; la démocratie ébranlera le trône du Roi d'Espagne, et brisera ses vingt-deux Couronnes. Ce beau pays se divisera en autant de républiques que de provinces, fédéralisées, ou non. Tel est le systême que les français développent en Italie. Telle est la vraie politique de la *république-mère*. Détruire les Rois, démocratiser, former des petites républiques, mais empêcher les grandes réunions nationales, pour dominer toujours, et par-tout.

Il y a un grand avantage à ce systême, c'est que ce seront autant de tributaires, qui, en diminuant les impôts du peuple français, rendront toujours son trésor abondant.

L'Espagne est jetée en ce moment hors de son cercle politique, et doit desirer d'y rentrer. L'alliance de son Roi avec la République française est monstrueuse, onéreuse et dangereuse. Ses discussions avec l'Angleterre ne sont que des bagatelles, comme le prouve la légéreté des griefs étalés dans son manifeste. De la part des Anglais, il ne s'agit que de la vanité du

Roi d'Espagne; de la part des français, il s'agit de son existence.

Le salut de l'Espagne dépend donc de celui de l'Angleterre, et par conséquent des résultats du Congrès de Rastadt, de la guerre générale, ou de la paix universelle.

La prise de Malte, en écartant *Buonaparte* de l'Ouest, est moins désavantageuse à l'Espagne qu'aux autres Puissances maritimes. Les Espagnols ne faisant aucun commerce en Levant, ne perdent rien à ce que la France ait acquis la domination de la Méditerranée. Ils trouvent, même, un avantage présent dans cette expédition, c'est qu'elle éloigne le terrible conquérant de leurs côtes, au moins pour quelque tems. Si *Buonaparte*, au lieu d'aller prendre Malte, eût dirigé sa route vers l'Ouest, s'il avait échapé à l'Amiral *Nelson*, ce qui était très possible. Il aurait vraisemblablement abordé ou dans les ports de la Catalogne ou dans Cartagêne et Malaga; il aurait été forcé de mettre son armée à terre, et de traverser toute l'Espagne pour aller subjuguer le Portugal; alors il y a tout à présumer que la Propagande, qui précéde et accompagne toujours les armées françaises, si elle n'avait pas réussi à perfectionner une révolution démocratique, aurait, au moins, amené la guerre civile et l'Anarchie.

Les changements ministériels qui sont arrivés à Madrid ont eu pour bût de sacrifier le favoritisme à l'opinion du peuple, au moins en apparence, et en même tems *d'amuser* le Directoire français par des choix qui lui fûssent agréables. Mais le fonds de la politique de cette Cour n'a pas changé: Elle conduit toujours avec la même lenteur sa guerre maritime.

La flotte de Cadix, supérieure à celle des Anglais, ne fait pas la moindre tentative pour se délivrer d'un blocus honteux, et réparer l'affront de sa défaite. L'Escadre de Cartagène ne s'est point mise en mer, soit pour joindre *Buonaparte*, soit pour faire diversion à l'Amiral *Nelson*, l'observer, le suivre et le mettre entre deux feux. Il ne se tire pas un coup de canon à Gibraltar, il ne se rassemble point de troupes sur la frontière du Portugal. L'Etat de guerre du Roi d'Espagne est très pacifique, il attend tout du bénéfice du tems, et de sa patience.

La querelle de la France avec les Etats Unis ajoute un nouveau danger à la position passive de l'Espagne. Les Etats Unis sont maîtres de son sort dans l'Amérique septentrionale, et dans le Golphe du Mexique. Rien ne peut les empêcher, quand ils le voudront, de faire du Fort des Natchès leur place d'armes, de descendre le fleuve Mississipi, et de s'emparer de la Louisiane, et des deux Florides. Leur communication par le pays des Cenis avec le nouveau Mexique est une conséquence naturelle de leurs progrès dans cette partie; elle entraînerait nécessairement la perte de l'Empire des Indes, par le révolutionnement, très naturel, des malheureux Indiens.

Tels sont les nouveaux dangers que la conduite impérieuce du Directoire français envers les Amériquains vient d'amasser sur sa soumise alliée, la Cour de Madrid. Liée, par des chaînes très pesantes, au sort de la France, l'Espagne craint également et les succès et les revers de sa terrible alliée. Les uns ne peuvent lui apporter aucun avantage, les autres entraîneraient sa ruine: Elle ne peut être sauvée que par la paix Universelle, car le Directoire ne lui permettra jamais de faire sa paix particulière, avec les Anglais et les Amériquains.

CHAP. XII.

Le Portugal.

Le Portugal, satellite de l'Angleterre, est, comme toutes les puissances du second ordre, entraîné, par le tourbillon de sa planéte, dans la commotion générale de l'Europe. La conduite violente de la France à son égard, la violation du droit des gens dans la personne de son ambassadeur, la hauteur que le Directoire français a employée, en négociant avec cette Cour, la dureté des conditions qu'il lui impose, tout doit irriter l'honneur national des Portugais, qui en avaient tant autrefois; et doit leur faire une loi de ne céder qu'à la dernière extrêmité.

L'orage qui menace le Portugal est violent; mais il existe bien des chances en sa faveur, et il doit au moins attendre le résultat du Congrès de Rastadt pour se décider. Employer le tems avec célérité est la vraie politique des forts. Gagner du tems, est l'unique ressource des faibles. L'Espagne seule n'est pas en état de soumettre le Portugal, défendu par une armée de quarante-mille hommes, et par un nombre double de milices, qui s'estiment, au moins, autant que les Espagnols.

Ce n'est pas même l'intérêt de la Cour d'Espagne d'entreprendre seule l'expédition du Portugal, qui absorberait toutes ses forces militaires, sans certitude de succès. Si elle avait le malheur d'en faire la conquête, elle donnerait de la jalousie à la France, qui exigerait au moins d'elle la cession du Brésil. Si elle ne réussissait pas, ce qui est bien plus apparent, elle serait épuisée et à la merci de la France. Si cette guerre, une fois engagée, traînait en longueur, ce qui est vraisemblable, la France, joindrait *forcément* à l'armée espagnole des troupes auxiliaires, sans que l'Espagne osât refuser ce dangereux secours.

L'Intérêt de l'Espagne est donc de ménager le Portugal, de prendre tous les moyens politiques de temporiser pour éviter une rupture ouverte qui l'oblige à faire la guerre à ce petit royaume, son allié naturel; de contenir le plus long-tems qu'elle pourra la pétulance française, et de lui opposer sa médiation, pour terminer, sans coup férir, les affaires du Portugal avec la France.

Le Directoire français menace depuis long-tems de faire marcher une armee au travers de l'Espagne, pour aller conquérir le Portugal, elle vient d'y destiner une section de l'armée d'Italie; et le *Général* Augereau, sous ce prétexte, vient de perdre le beau commandement de l'armée du Rhin, et de recevoir ordre d'aller se mettre à la tête de l'armée des Pyrénées.

Mais la France n'est pas encore quitte de tous ses embarras sur le reste du continent, et ne le sera que par la conclusion du Congrès de Rastadt, qui doit donner pour résultat, ou la paix de l'Empire, ou la guerre générale. L'Affaire de Rome lui donne de nouvelles occupations. L'Affaire de la Suisse employe une division assez forte de l'armée d'Italie. Le projet de la descente en Angleterre occupe la plus grande partie de ses forces. Le Directoire ne peut dégarnir, ni l'intérieur, ni Paris. Il ne paraît pas que ce moment soit favorable pour aller jeter une armée à deux cents lieues de ses frontières, sans communication maritime.

La Cour d'Espagne ne peut voir qu'avec autant d'effroi que de répugnance une armée française traverser ses états pour aller en Portugal. Le Directoire français n'a point d'argent pour l'entretien de cette armée, qui tomberait à la charge de l'Espagne. Celle-ci serait obligée d'y joindre ses propres troupes, qui seraient bientôt empestées, par le contact de ces soldats révolutionnaires. La nation espagnole, ou adopterait les opinions de ces hôtes prédicateurs, ou s'indignerait contre leurs principes et leur conduite. La Cour d'Espagne courrait le risque, ou de la désorganisation complette de son armée, ou de la défection de ses sujets démocratisés; ou de l'indignation des peuples, qui, rassemblant tous les griefs qu'ils ont de longue-main contre la Cour, dont la guerre malheureuse contre l'Angleterre n'est pas un des moindres, se joindraient, peut-être, aux

Portugais malgré elle, pour se débarrasser de ces odieux auxiliaires: cette Cour se trouverait entre deux révolutions en sens contraires, et elle serait la victime de l'une ou de l'autre.

L'Espagne a donc le plus grand intérêt à traverser, par tous les moyens secrets, le projet d'expédition des français contre le Portugal. La France, de son côté, est obligée de suspendre pour quelque tems l'exécution de sa menace, au moins jusqu'à la conclusion du Congrès de Rastadt: ainsi le danger n'est pas instant, et ne doit pas jeter le Portugal dans une démarche avillissante, qui ne le sauverais pas. Ce qu'il doit prévoir c'est que si les français réussissent dans leurs projets contre l'Angleterre, s'ils anéantissent cette puissante rivale, une fois maîtres de l'Empire de la mer, ils viendront le reprendre en sous-oeuvre.

La colonie de Cayenne, qui sert à présent de prison aux malheureux français, de tous les partis, que le Directoire et les Conseils condamnent à la déportation, en attendant peut-être leur tour pour aller la peupler, reçoît continuellement de l'accroissement sur la terre-ferme de l'Amérique méridionale.

Les français ont même stipulé, dans les conditions de la paix signée dernièrement à Paris et non ratifiée, une grande augmentation de territoire aux dépens de la colonie portugaise du Brésil. Les trois Provinces du Para, de Maragnon et de Siarra, qu'ils ont occupées jadis, sont à leur convenance, et leur donneraient la possession des nouvelles et riches mines de Rio-Negro. Ce danger est très-imminent, et peut entraîner un jour la perte du Brésil, sans lequel le Portugal ne serait rien.

Le Portugal n'a donc, pour éviter sa ruine en Europe et sauver le Brésil, qu'un parti à prendre; c'est de montrer beaucoup de fermeté, de renforcer son armée, fortifier ses frontières, tenir avec constance à son alliance avec l'Angleterre, mettre sa marine en bon état, renforcer sa défensive, sur-tout dans la partie du Brésil limitrophe à la Guyanne française, aller forcer le nid des déportés de Cayenne, s'emparer de cette colonnie, pendant que les Anglais sont encore maîtres de la mer, et rapporter en Europe les Déportés, dont l'apparition ferait certainement beaucoup de peine, et peut-être plus de mal au Directoire français. Cette expédition, entreprise brusquement et secrétement, ne pourrait que réussir, elle sauverait le Brésil, et étonnerait l'Europe.

Mais on ne doit pas s'y attendre. Il semble que toutes les nations qui ont combattu, ou qui ont à combattre les français, voient la tête de *Méduse*, et ne peuvent plus agir. Il est très-difficile de se bien défendre, quand on ne sçait pas attaquer à propos.

Un autre plan de conduite que semble devoir observer le Portugal, c'est d'éviter toute hostilité avec l'Espagne, soit par terre, soit par mer, soit en Europe, soit contre ses colonies, ne fût-ce que pour desserrer les liens de son alliance avec la France, et jeter entr'elles une méfiance qui puisse la rompre, et ramener l'Espagne à sa politique naturelle.

Quelque parti que prenne le Portugal, soit d'attendre passivement sa destinée, soit de montrer de l'activité et du courage, son sort dépend de celui de l'Angleterre, par conséquent des résultats du Congrès de

Rastadt, et de la guerre générale, ou de la paix universelle.

Rien ne démontre mieux la versatilité de la conduite du Directoire français que l'expédition de Malte: rien ne prouve plus combien ses Plans sont produits ou dérangés, par le hazard, et par des circonstances. *Augereau* est envoyé dans les Pyrénées, d'où à la tête d'une armée française il doit fondre sur le Portugal. Ce Plan est une des branches naturelles du grand et raisonable dessein d'abattre la puissance Anglaise, la seule contre la quelle la France soit encore en guerre. *Buonaparte*, qui devait commander la grande descente en Angleterre, va sembarquer à Toulon avec ses généraux et son Etat Major. Une partie de l'armée des Côtes de la Manche va conquérir la Suisse, avec la quelle on n'est point en guerre. Le Directoire se fait un nouvel ennemi naval, étant déjà le plus faible sur mer, en pillant les Amériquains ses meilleurs Alliés. *Augereau*, qui n'a plus d'armée, vegéte à Perpignan. Le Portugal, qui devait être écrasé, respire. Les malheureux Irlandais que la politique du Directoire a précipités dans toutes les horreurs d'une guerre civile, sont sacrifiés à la vengeance de l'Angleterre.

La prise de Malte sauve le Portugal, ou au moins elle éloigne beaucoup son danger : s'il se fût pressé de faire une paix honteuse, il eût été ruiné. Il reçoit le prix de sa constance. Il doit plus que jamais attacher son sort à celui de l'Angleterre. Si ce Royaume parait pour quelque tems à l'abri de l'invasion des français et des Espagnols, il doit d'autant plus augmenter ses forces navales, pour se soutenir au Bresil et dans l'Inde. Les Portuguais doivent réunir la Guyanne française au Bresil, sans quoi cette Colonie, ne fût ce que par le contact révolutionnaire, détruira un jour la puissance Portuguaise, dans l'Amérique Méridionale.

Dans l'Inde les Portuguais occupent une des Clefs de la Presqu'ile de Coromandel, c'est l'excellent Port de Goa. Ils doivent craindre, si la guerre se porte dans l'Inde avec vivacité, que les français ne surprennent cette place, ou ne l'enlevent de vive force, ou que, par le moyen des mêmes français, elle ne devienne la proye de *Tipoo-Saïb*, ou des Marattes. Il est aisé aux Portuguais de se mettre à l'abri de toute insulte. Les Anglais, pour le salut de Bombay leur unique Port dans l'Inde, ont le plus grand intérêt à les aider à déffendre cette importante place, si elle était attaquée.

La Cour de Portugal doit sans différer envoyer à Goa un gouverneur habile, une forte garnison européenne et une bonne escadre, si cela n'est pas déjà fait. Avec cette précaution, avec une déffensive bien arrangée en Portugal, et avec un plan d'attaque vigoureux du Para contre la colonie de Cayenne, les Portuguais peuvent jouer dans cette guerre un rôle très noble et digne de leurs ancêtres.

CHAP. XIII.

De l'Amérique-Unie.

Les états de l'Amérique - Unie, malgré le rapprochement de principes et d'opinions, malgré l'intérêt qu'ils ont témoigné à la révolution Française, malgré la prompte reconnaissance de la république Française, malgré les services considérables rendus pendant tout le cours de la guerre, malgré la préférence visible accordée au commerce et même au corsairage des Français, ont passé pour ennemis dèsqu'ils ont voulu être vraiment neutres, et n'ont pas pu échapper aux déclamations, aux manoeuves incendiaires, aux provocationt des Envoyés de la république française, ni aux décrets de ses Conseils, ni enfin au pillage de sa marine.

Les Députés extraordinaires, qu'ils ont envoyés à Paris pour terminer leurs différends, sont dans la disgrace du Directoire, qui retarde cette négociation ; et on continue d'arrêter et de piller leurs vaisseaux pour les forcer à rompre leurs traités avec l'Angleterre, à qui on veut aussi fermer les ports de l'Amérique - Unie, Il est cependant bien aisé de se convaincre que la balance du commerce pour les Américains est toute entière à l'avantage du commerce avec l'Angleterre, et que s'ils étaient forcés par des circonstances impérieuses à rompre leur systême de neutralité, leur intérêt les devrait porter à se déclarer pour les Anglais, avec lesquels ils ont plus d'analogie, et qui, n'étant plus leurs maîtres, ont épuisé leur haine.

Il parait très-impolitique de la part de la France de pousser à bout les tranquilles Américains, et de leur faire connaitre leurs forces. Hors de l'atteinte des armées de terre, si le désespoir les rend guerriers, ils peuvent devenir le fléau de l'Europe. Les Antilles et les colouies des différentes puissances sont entièrement à leur disposition; ils peuvent facilement les affamer et les conquérir. Ils peuvent empêcher la pêche de Terre-neuve; ils peuvent désoler les côtes de l'Europe par leur corsairage. La guerre de mer a un attrait qui flatte deux grandes passions de la nature humaine, l'avarice et la méchanceté. Elle exige moins de forces, de préparatifs et de dépense que celle de terre; le mal que l'on fait est rapide et lucratif,

Les Américains ont alimenté les colonies françaises et par conséquent les ont sauvées. Ce service seul eût dû, aux yeux du Directoire français, effacer les petits griefs qu'on leur reproche, qui, bien considérés, ne sont pas des torts, mais au contraire les justes procédés d'une neutralité prudente et pacifique.

Si on force les Américains à former une marine militaire, si on les oblige à mettre du canon sur leurs vaisseaux pour faire respecter leur pavillon, ils deviendront bientôt guerriers, et cesseront d'être une nation passive. Leur propre sûreté les rendra conquérants. Le Mexique et son golphe, les Antilles, Terre-neuve tomberont facilement dans leurs mains, et il seront bien dédommagés des avanies qu'on leur aura fait souffrir très-imprudemment.

L'intérêt des Américains, pour soutenir leur existence pacifique et leur commerce florissant, est que la paix se rétablisse entre la France et l'Angleterre, à des conditons égales, et que, si l'une doit avoir une supériorité décidée sur l'autre, ce soit celle dont le gouvernement fixe porte sur des bases tranquillisantes pour leurs voisins, et surtout pour le commerce maritime.

La sûreté des Américains est donc à présent attachée à l'Angleterre. Ils doivent craindre le contre-coup de la descente dont elle est menacée. Pendant les premières années de la révolution française, le penchant et les voeux des Américains étaient pour son succès. Depuis que les Français sont devenus conquérants et avides de butin, tout est changé. Ils ont aliéné tous les peuples. Si l'Angleterre est envahie et désorganisée, l'Amérique sera forcée de ramper sous la puissance des Français.

Le sort de l'Amérique-Unie dépend donc de celui de l'Angleterre, et par conséquent de l'influence des résultats du Congrès de Rastadt, de la guerre générale contre les Français, ou de la paix universelle.

Les Etats-Unis de l'Amérique ont aussi un intérêt, comme puissance commerçante, à ce que la Méditerrannée et le Levant ne soient pas sous la domination d'une seule puissance. Il semble que tout ce qui arrive, même dans les contrées les plus éloignées, soit fait pour diminuer l'intérêt des Américains pour les Français, et les raprocher de l'Angleterre; il semble que la France, après avoir fait tous ses efforts pour séparer ces deux peuples, prenne tous les moyens pour les réunir, par le grand mobile de leur sureté commune.

Rien n'est plus scandaleux que les piéces de la Négociation entre les ambassadeurs de l'Amérique et les agents du ministère Français; elles sont désavouées par ces agents : mais il est à présumer que les Envoyés d'un peuple paisible, qui fait les démarches les plus humbles pour conserver la paix avec une nation dont les succès et les projêts font trembler tout l'univers, n'auraient pas ôsé avancer des calomnies pour aigrir un gouvernement impérieux ennivré de ses victoires, et rendre la guerre inévitable.

Il est un fait certain. Le Congrès a envoyé à Paris trois ministres plénipotentiaires, pour porter des plaintes sur la piraterie, exercée contre les vaisseaux Amériquains, et pour tâcher, non seulement de la faire cesser, mais de rétablir la bonne intelligence par un traité solide. Ces trois ministres n'ont pas pù obtenir une audience des directeurs Français, enveloppés dans une orgueilleuse invisibilité, comme les despotes de l'Asie.

Le prétexte de ce refus d'accès auprès du trône directorial est une phrase du discours du Président du Congrès qu'on voulait forcer ces envoyés à désavouer. Le motif est le refus d'un emprunt. Certainement dans l'instruction de ces envoyés le congrès n'avait pas pû prévoir la demande ou désaveu, ni la sollicitation de l'emprunt, ainsi ils avaient les mains liées, cependant on continuait à enlever et condamner les vaisseaux Amériquains, et les envoyés, après trois mois d'attente inutile, et de négociations subalternes, ont été obligés de partir.

Voilà le fait, dépouillé des accessoires scandaleux qui sont l'objêt d'une contestation. Dans la guerre qui doit naturellement suivre d'aussi funestes négociations, l'aggression est bien certainement du côté du Directoire français. A quoi le mene cette guerre qu'il attire volontairement sur la France, et qu'il ne tenait qu'à lui d'éviter? Il n'y a point de conquêtes à faire de côté : au coutraire il y a tout à perdre.

Ce sont les Amériquains seuls qui ont soutenu les Colonies Françaises : seuls aussi ils peuvent les affamer. A l'époque où St. Domingue semble être arrachée des mains des Anglais, il parait imprudent de lui susciter un nouvel ennemi, de qui dépend la subsistance des Colons. Une grande partie des légitimes propriétaires de cette Isle sont réfugiés dans les différents Etats - Unis. Ils peuvent y rentrer avec l'apui des Amériquains, et chasser ce tas d'usurpateurs, et de scélérats de toutes couleurs qui ont fait de cette Isle infortunée le repaire de tous les crimes et de toutes les calamités, que peut produire l'anarchie. Cette Isle peut, sous la protection des Amériquains, devenir le refuge de tous les émigrés Français, que leur patrie repousse si cruellement de son sein.

Les Amériquains ne peuvent pas tirer du Directoire Français une vengeance plus noble et plus philantropique. La pluspart de leurs colonies sont elles mêmes fondées par des réfugiés, chassés par la tyrannie de *Cromwell*. Ils honoreront leurs ancêtres en ouvrant un azyle à des réfugiés comme eux, ils se donneront des alliés sûrs dans ces infortunés à qui ils auront rendu une patrie, ils éloigneront d'eux la propagande des anarchistes, en aidant à les chasser des Antilles. Ainsi il y a dans cette entreprise, très facile à exécuter, gloire, profit et sûreté.

Une autre entreprise qui sera la suite nécessaire de la guerre contre la France, c'est la conquête de la Louisiane et de la floride sur les Espagnols. Cette conquête est-très facile, en partant des établissements de la belle rivière. Ce Pays dépend du Poste des Natchez. Il est aussi attaquable en flanc par le pays des Acansas et des Allibamons. Une fois la Louisiane conquise, les Amériquains ne se borneront pas là. A la rive droite, ou à l'Ouest du Mississipi, ils trouveront des alliés très utiles dans la grande nation des Cenis, pour s'avancer sur le fleuve St. Bernard, sur Texas, et de là sur le nouveau Mexique. L'immense quantité de chevaux sauvages et de boeufs que nourrissent les riches plaines des Cenis seront très utiles pour le transport, et la subsistance des avanturiers qui iront s'emparer des mines du nouveau Mexique.

Cette partie du continent convient aux Etats-Unis pour éloigner d'eux tout établissement Européen, pour s'assurer des ports dans le Golphe du Mexique, et pour se donner les métaux numériques nécessaires pour le soutien de leur commerce et de leur industrie. Si les Etats-Unis sont éffrayés d'une aussi grande entreprise, il se trouvera des particuliers qui la tenteront, dès que la guerre aura ouvert la porte à l'activité, et à l'ambition.

La fin de ce siécle est, sur tout le globe, l'époque d'une grande révolution; celle de l'Amérique ne sera complétée que lorsqu'elle aura enlevé aux puissances de l'Europe cette partie du monde. L'Espagne qui y posséde la plus grande étendue de territoire, mais en même tems la plus faible, et la plus mal gouvernée, sera la première en butte aux coups des Amériquains, puisqu'elle a le malheur, par son alliance avec la France, de devoir partager ses hazards Militaires.

Le Directoire français, en forcant les Amériquains à faire la guerre, les force à devenir conquérants, pour retrouver les indemnités de la ruine de leur commerce. Outre ce grand motif d'intérêt ils trouveront encore dans le systhème de conquête leur sûreté politique. Les peuples, éblouis par les succès militaires, occupés d'entreprises gloirieuses et de nouveautés, n'auront pas le tems d'être agités par les opinions politiques, dont le choc menace de renverser cette république fédérative, si l'oisiveté leur donne le tems de fermenter, et de produire une explosion révolutionaire.

L'Amérique est a présent divisée en parti Anglais, et parti Français. Le premier a été longtems le plus faible, et le serait encore si le Directoire français avait été prudent et juste, avec les Amériquains. Le parti Français trahit réellement sa patrie, en voulant faire acheter une paix honteuse, et sacrifier l'honneur et les intérets commerciaux de ses concitoyens. Dans tout état Républiquain, ou mixte, l'opposition est un contrepoids nécessaire; mais lorsqu'elle passe les bornes de la représentation, lousqu'elle devient passionée et active; elle devient criminelle et dangereuse. On ne peut pas se tromper sur la criminelle profondeur des projets du parti Français, il est composé de Jacobins fougueux, qui veulent amener le gouvernement populaire, comme en France. S'ils parviennent à leur but, les Amériquains auront été d'abord les modéles des Français en liberté; les Français deviendront à leur tous les modéles des Amériquains en anarchie. L'honneur national semble réunir à présent à peu près tous les esprits par l'indignation. Il en doit résulter la guerre, et cette guerre sera le salut des Etats-Unis, en leur donnant plus de consistence, d'union et de force.

C'est ainsi que la Révolution française, en forçant tous les ressorts de l'humanité, amene, très rapidement, dans le Globe, les catastrophes qui doivent changer le sort de toutes les nations. Les Etats Unis, peuplés des mécontens et des malheureux de toute l'Europe, semblaient devoir rester longtems l'azyle de la paix et de la tolérance. L'agriculture et le commerce unissaient, par un intérêt commun, les deux seules classes des planteurs et des marchands qui compossaient la masse de ses tranquilles habitans. Le fanatisme politique vient d'y former une classe agitatrice, celle des Jacobins. Les Amériquains dèslors ont perdu le bonheur; il ne leur reste plus que le choix entre deux extrêmes. Il faut qu'ils deviennent guerriers, et conquérants, ou qu'ils subissent les sanglantes dévastations de la féroce anarchie.

CHAP. XIV.

De la Hollande.

En réfléchissant à la position du peuple Batave, on doute si on doit le considérer comme une nation, formant un corps politique séparé, ou comme un appendice, une fraction de la République Française. Son gouvernement est essentiellement influencé par le Ministre de France. Le pays jouit de la tranquillité de la servitude, sous la protection d'un Général et d'une armée Française. Le port de Flessingue est entre les mains des Français, qui, pour mieux prouver leur droit de communauté, ou plutôt de souveraineté, viennent d'y établir, le 5 Février, une douanne, dont les employés sont payés par la France.

Les Hollandais sont ruinés par la communauté d'intérêts politiques et d'affaires de commerce avec la France. Ils viennent de perdre une flotte de guerre, sortie fort mal à propos de leurs ports, par les ordres de la France. Ils payent leur propre armée tenue en respect par l'armée française elle-même, qui occupe toutes leurs places fortes.

Il leur en coûte, pour jouir de ce genre de liberté, cent millions de contribution qu'ils ont d'abord payés à la France, la Flandre Hollandaise, Maestricht et plusieurs autres places à la gauche de la Meuse, que la France a gardées, Démérary, Essequibo, le Cap de Bonne-Espérance, l'isle de Céylan, et tout leur commerce de l'Inde, devenus la proie des Anglais.

Mais leur république est parfaitement démocratisée depuis le 22 Janvier 1798. Cette révolution s'est effectuée violement par la minorité, comme partout. Les Députés, qui ont eu le courage de réclamer, ou la délicatesse d'abandonner leur poste, pour ne pas céder à la violence, ont été traités comme criminels et comme traitres à la patrie. Le Directoire, établi sur le même pied que celui de la France, a été proclamé dans toutes les Provinces, au milieu des acclamations de la terreur, ou du silence du désespoir.

Est-il un vrai Batave qui ne frémisse d'indignation en se voyant forcé de vivre sous le joug tyrannique d'une pareille liberté ? En est-il un qui, par comparaison, ne regrette pas le Stathoudérat, qu'on lui fait faire le serment de haïr ? Un peuple peut-être libre sans être indépendant ? Les Bataves sont-ils indépendants ! Peuvent-ils faire la guerre, la paix, le commerce ; peuvent-ils être neutres, sans le consentement du Directoire Français ? Cette nation commerçante, à qui la neutralité est nécessaire pour son existence, peut-elle, à son gré, cesser d'épouser les querelles de la France ? N'est-elle pas forcée d'en passer par toutes les loix du Directoire Français contre ses propres intérêts ? Ne vient-elle pas aussi, par son ordre, de prohiber les marchandises anglaises, à son détriment ?

Le sort de la république Batave, comme celui de la république Française, ne repose-t-il pas sur la tête de son Directoire et de ses deux Conseils ? L'intérêt de la nation n'est-il pas, comme en France, sacrifié à cette odieuse olygarchie? Le sort des Bataves n'est-il pas précaire comme celui des Français, avec cette différence, qu'en France il dépend de la nation, qui peut le changer quand elle le voudra; au lieu qu'en Hollande, il dépend du gouvernement français? La Hollande n'est-elle pas une république démocratique, uniquement parce que la France est une république démocratique? Si demain la France se donnait un Roi, la Hollande ne serait-elle pas obligée de se donner un Stathouder? Que sont donc les Bataves? Ils sont devenus les singes et les bêtes de somme de la France. Quelle exisstence! Sans oser se plaindre de leur sort, sans pouvoir l'améliorer, ils gémissent en secret, et font certainement des voeux en faveur de leurs ennemis contre leurs impérieux alliés.

Si l'expédition de la France contre l'Angleterre réussissait complettement, si cette puissance rivale de la France, contre laquelle les Hollandais vont aussi réunir leurs forces, était renversée, la Hollande serait ruinée, anéantie, elle n'aurait plus qu'une grace à demander aux vainqueurs, celle de cesser d'exister comme nation, celle d'être incorporée dans la grande république, en se nourrissant de l'espoir de voir sortir un jour de leurs marais un vengeur, lorsque les excès de la nation française auraient révolté toute l'Europe, et lorsque l'époque serait arrivée de voir ses crimes punis par le ressentiment de ses nombreux ennemis.

Au travers des maux affreux que la révolution française a fait à la Hollande, elle vient cependant de délivrer les Bataves de cette absurde fédéralité, qui divisait les intérêts et les volontés de ses sept petites provinces. La réunion de toute la république en un seul corps national indivisible, est un avantage immense, qui peut un jour être le salut du peuple Batave. Il paraît-même assez impolitique à la France d'avoir favorisé cette réunion, qui, dans un tems plus heureux, peut donner, contre elle-même, au peuple Batave une force d'ensemble qui lui manquait, et qui ne peut jamais exister dans une constitution fédérale.

Quelle que soit la forme de gouvernement que l'avenir prépare à cette nation, elle doit avoir la sagesse de garder cette précieuse indivisibilité nationale. Ce serait même l'intérêt du Stathouder, s'il en revenait un, de gouverner un peuple réuni.

L'intérêt présent, mais non pas l'intérêt futur, de la Hollande paraît lié à celui de la France, par ce que son sort y est enchaîné. Elle doit desirer, que l'Angleterre humiliée soit forcée de lui rendre ses conquêtes. Mais elle serait bien plus sûre de cette restitution, si elle pouvait être détachée de la France, par le rétablissement de la maison d'Orange.

Mais les Bataves ne doivent-ils pas craindre que, si les français venaient à bout de détruire la puissance anglaise, devenus maîtres absolus de la mer, ils ne se fissent céder une partie de cette restitution, au moins le port de Trinquemale en Ceylan, que la France a toujours convoité, comme une échelle de marine militaire, nécessaire entre l'Isle de France, et la côte de Coromandel, et le Bengale?

En supposant même que les Français eussent la générosité de leur restituer toutes leurs colonies, établis à Flessingue, maîtres des clefs de la Hollande par Maestricht,

Bréda et la Flandre Hollandaise, débouchant l'Escaut, rétablissant le port d'Anvers, ne sont-ils pas les ennemis les plus dangereux de la Hollande, soit pour le commerce, soit pour la guerre?

Alliés avec les Anglais, les Bataves peuvent rester libres et indépendants? alliés avec la France, ils ne peuvent jamais être ni l'un ni l'autre. Mais on objectera qu'ils ne peuvent pas changer leurs destinées; qu'ils ne sont pas les maîtres de quitter l'alliance de la France, de se déclarer neutres, ou de se lier avec d'autres nations, même par de simples traités de commerce. Cela est vrai, et c'est ce qui rend leur sort plus misérable, et plus insupportable aux vrais citoyens.

Ce n'est que par une guerre générale, si elle tourne à l'avantage des ennemis de la France, que les Bataves peuvent regagner leurs colonies, leurs places frontières, Flessingue et leur indépendance. A la vérité, dans ce cas, ils recevont vraisemblablement aussi un Stathouder; mais la nation serait indépendante et libre sous son propre chef; l'ordre renaîtrait, le commerce refleurirait, les vrais citoyens respireraient et se réjouiraient; et cette heureuse révolution ne ferait tort qu'à quelques misérables et enragés démocrates, que le trouble a élevés, par la plus criminelle audace, aux places principales de l'état dont ils sont indignes.

Le sort des Bataves dépend donc aussi des résultats du Congrès de Rastadt, de la guerre générale, ou de la paix universelle.

Si la Hollande formait encore une puissance maritime, et commercante, elle regarderait comme un très grand malheur la domination des français dans la Méditerranée, assurée par la conquête de Malte; mais les Bataves n'ont plus, comme marchands, qu'une existence précaire, et comme peuple qu'un esclavage déguisé. Aucun de leurs mouvements politiques n'est libre.

Au mois de Janvier le ministre de France leur a fait éprouver, forcément, une révolution démocratique, qui leur a donné une constitution absolument contraire aux intérêts et à l'esprit de la Nation. Au mois de Juin un de leurs généraux a renversé, par le secours des soldats, le gouvernement établi par le ministre français, a chassé, ou emprisoné les Directeurs et les deux Conseils, a fait partir le ministre de France, et a été soutenu par le général français, et approuvé par le Directoire de Paris.

Cette seconde révolution est fort peu importante pour les Bataves; c'est sans leur participation que des ambitieux se disputent les places du gouvernement, et profitant, tour à tour, de l'instabilité des plans du Directoire français, se supplantent réciproquement. Mais aux yeux de l'observateur la Révolution du mois de Juin est fort intéressante. Elle prouve le peu de solidité d'une constitution démocratique. Elle prouve que le gouvernement réside dans la force, la force dans les soldats; qu'un général peut, en un moment, changer la forme du gouvernement, sans consulter la constitution, ou même en l'enfreignant; qu'il suffit, pour cela, de s'emparer des membres du pouvoir législatif, les gagner, les intimider, les chasser, les remplacer; que ce pouvoir législatif est une *machine à décrêts*, qui, dans la main d'un ou de plusieurs ambitieux, rend tous les oracles qu'on lui dicte; que le peuple, qui se croit toujours souverain, obéit toujours aux caprices du gouvernement *éphémère* de quelques audacieux, qui montent aux premières places par le crime, ou au moins par l'illégalité, s'y soutiennent par la terreur, et en sont renversés par la violence.

Dans un gouvernement populaire, toute la societé est partagée en factions, chaque faction triomphe à son tour; tout particulier de chaque faction a droit de parvenir au gouvernement, s'il est le plus adroit ou le plus fort: le mauvais succès seul fait les coupables. C'est ce qu'on a vu en France, en Italie, en Suisse, en Hollande, depuis le triomphe de la Démocratie. Dans la République *mère* toutes ces convulsions se font d'elles mêmes. Dans les Républiques *filles* c'est le Directoire français qui les dirige. On peut juger par la Révolution Batave du mois de Juin, de l'esprit qui animait alors le Directoire de Paris; il était modéré.

Mais, *latet anguis in herbà*. La versalitité des principes de ce Directoire ne promet aucune solidité à ce qu'a exécuté le général *Daendels*. Le Ministre *La Croix*, à son arrivée à Paris, a déjà inspiré d'autres idées. Le général *Joubert*, qui, certainement avait reçu ses ordres pour soutenir le hardi coup demain exécuté par *Daendels*, n'a pu être ni désaprouvé, ni désavoué publiquement, mais on lui a ôté le commandement de l'armée de Hollande, et la faction qui paraissait abattue releve déjà la téte, et commence à menacer le gouvernement, qui l'a supplantée.

Il semble que le système désorganisateur, qui, de Paris se répand sur tous les peuples qu'il peut atteindre, a craint que le gouvernement établi par le ministre *la Croix* ne donnât une consistence nationale trop énergique aux Bataves. Il semble qu'on veuille les tenir dans un état de fluctuation qui les amene, petit à petit, à desirer d'être incorporés dans la grande Nation. Ce projet doit nécessairement réussir, à moins que d'autres événements, en renversant le gouvernement français et son système machiavelique, ne rendent à chaque nation sa liberté, et son indépendance.

Tant que la guerre occupe principalement l'attention du Gouvernement français, et absorbe ses finances, il ne peut pas s'occuper fortement du rétablissement de la navigation de l'Escaut, et de la formation d'une grande place de commerce à Anvers; mais ce projet n'est pas abandonné. Pour le faire réussir il faut tenir la Hollande dans une espéce d'anarchie, la constituer dans de grandes dépenses, l'épuiser par de forts impôts, afin d'éffrayer le commerce, et d'engager les capitalistes à abandonner les places décréditées d'Amsterdam, et Rotterdam, pour transférer à Anvers leurs fonds, leur activité, et leur industrie.

Si le gouvernement actuel se soutient en France, il jugera qu'il est nécessaire, militairement, politiquement et commerciellement, que la Hollande soit incorporée, et que la limite territoriale de la grande Nation, sur toute la bande de l'Est, commence au Lac de Constance, envelope la Suisse, et comprenne tout le cours du Rhin, jusqu'à la Mer. Si les Bataves ne veulent pas de bon gré solliciter eux-mêmes leur incorporation, on leur suscitera tant de troubles intérieurs, on accumulera sur leur commerce tant d'entraves et d'avanies, en les menacera si souvent du rétablissement d'Anvers et de la navigation de l'Escaut, qu'ils seront réduits à implorer le Directoire français de les admettre dans la grande Nation, pour les préserver de leur ruine totale.

Une République démocratique, aussi étendue que la française le sera devenue par ces augmentations, s'affaissera ensuite d'elle-même sous son propre poids. La paix intérieure et la sûreté sociale en seront bannies, jusqu'à ce que des nouvelles Révolutions aménent de nouvelles calamités. C'est ainsi que l'homme sera perpétuellement le fléau de l'homme. C'est ainsi, pour citer une expression absurde du Discours empoulé que le citoyen *Chénier* a prononcé le 14 Juillet au conseil des Cinq-cent, *qu'on reviendra par dégrés à l'ouvrage de la Nature, qui n'a fait que des peuples.* La Nature n'a point fait des peuples, elle n'a fait que des hommes: C'est la société qui fait, et défait les peuples: Entendez-vous, *Chenier?*

Les Bataves et les Suisses sont menacés d'être bientôt éffacés du rang des nations, comme les Polonais et les Vénitiens, mais avec moins déspoir qu'eux de reprendre un jour une existence politique, à moins que les Souverains de l'Europe, réveillés par leur propre danger, ne les sauvent, en se sauvant eux mêmes, par une résistance énergique, et bien combinée.

CHAP. XV.

De la France.

Que dire de cette nation qui fait trembler l'univers, qui foule aux pieds toutes les bases sociales, qui traite de puérilités toutes les institutions humaines, qui, entraînée de paradoxes en paradoxes, à l'abnégation de tous les premiers principes, a brisé, comme chaînes de l'esclavage, les liens sacrés de la nature, de la religion, du mariage, de l'amour paternel et filial, qui prêche les mêmes dogmes par ses missionnaires armés, qui révolutionne les peuples et les pille en même tems?

Vouloir retracer la carrière dégoûtante des crimes et des cruautés, dont ses démagogues furieux l'ont souillée, serait entreprendre une satyre amère, qui n'appartient qu'à l'inflexible burin de l'Histoire: vouloir célébrer ses victoires et ses héros, serait une flatterie pernicieuse, qui est du ressort de la poësie.

Prenons la Nation française au point où elle est arrivée; examinons sa consistence, son accroissement, son influence politique et morale sur l'univers, la solidité ou l'instabilité de son existence actuelle, ses dangers extérieurs, ses dangers intérieurs, et cherchons à préjuger quels peuvent être les résultats de la position où elle se trouve.

Une très-grande vertu s'est développée chez les français par la révolution, c'est l'exaltation de l'âme. Environnés d'ennemis, ils ont fait face par tout; par-tout ils ont déployé un courage héroïque, des grands talents et les ressources du génie. Toutes les armées continentales ont fui devant leurs guerriers, ils ont parcouru, en triomphateurs, une partie de l'Europe, où jamais l'on n'avait vu flotter les drapeaux français. Les Puissances étonnées de leurs succès, de leur audace, de leur infatigable persévérance, ont fait la paix séparément, l'une après l'autre. C'est aux portes de Vienne que l'Empereur a signé la sienne, comme Roi de Bohême et de Hongrie.

Congrès de Rastadt.

Il reste à faire la paix avec le Corps-Germanique. Les nombreux Plénipotentiaires de ce Fantôme politique sont assemblés au Congrès de Rastadt, et y sont régentés par deux Plénipotentiaires français, qui répondent par des notes laconiques et tranchantes aux humbles et diffuses remontrances des Députés de l'Empire. Ce qui se passe à Rastadt n'est qu'une illusion politique. Une double négociation déjoue tout ce qui s'y traite. Chacune des Puissances intéressées a un Agent politique à Paris, qui traite à part de ses intérêts particuliers, au détriment de la cause publique. On a dit autrefois qu'au Concile de Trente, le St. Esprit arrivait dans une valise. Il en est de même au Congrès de Rastadt. Le courier de Paris y apporte l'esprit politique qui doit décider le sort de l'Allemagne.

Le Congrès se dissoudrait sans rien conclure, que cela serait encore égal; et c'est-même ce que doivent desirer les membres les plus faibles de l'Association-Germanique, pour qu'au moins il leur reste la consolation de pouvoir protester, et pour que leur ruine ne soit pas sanctionnée par la forme juridique d'un Congrès pacificateur.

Le rôle que jouent les Plénipotentiaires Germaniques à Rastadt est si avilissant, même pour les Puissances supérieures, dont les arrangements sont faits indépendamment de ce Congrès, qu'il est étonnant qu'il ne soit pas déjà dissous.

Les français, non seulement ont dicté les conditions de la paix, mais il les ont exécutées d'avance. L'occupation de Mayence, de la tête-de-pont de Manheim, du Fort de Kehl, de Dusseldorff, et vraisemblablement bientôt d'Ehrenbreitstein, est un acheminement à la paix de l'Empire, par ce que cette ligne imposante refroidit le courage des puissances, qui pourraient être tentées de reprendre les armes pour arrêter leur ambition. Le Corps-Germanique est un moribond, dont les parents partagent la succession avec un voleur étranger, qu'ils n'ont pas la force de chasser de la maison.

Le Directoire français, pour précipiter la décision de cette paix, vient d'ajouter un argument irrésistible, c'est la révolution précipitée de la Suisse. Rien n'a été plus prompt, ni moins prévu. Une république *Lémanique*, fabriquée à Paris, s'est formée tout-à-coup. L'Aristocratie Bernoise, dont le Gouvernement, faible et despotique en même tems, ressemblait à celui de Venise, n'a pu opposer aucune résistance. Le génie révolutionnaire démocratique a saisi à la fois tous les Cantons. La démocratie a triomphé sans obstacle. Cette révolution Helvétique rapproche le génie révolutionnaire du centre de l'Allemagne, et tous les Souverains ont de profondes réflexions à faire sur cet exemple.

Il a fallu aux français six ou sept ans d'essais et d'expérience pour créer un gouvernement démocratique représentatif. Ils ont encore été en tatonnant dans la formation des républiques Cisalpine et Ligurienne. Mais à présent, ils ont perfectionné cet art. La révolution démocratique de la république Batave, de la Lémanique et de la Transjurane sont des chefs-d'oeuvres de célérité et d'audace.

Le Directoire français peut diviser l'Allemagne, comme un Arpenteur divise une terre en portions à peu près égales; tailler une république, avec un nom de fleuve, ou de montagne, pour chaque partie divisée; envoyer ses émissaires, qui partiront à présent de points plus rapprochés; l'exécution suivra sur le champ. Municipaliser, partager en départements, établir un Directoire-Exécutif provisoire et des gardes-nationales, former les assemblées primaires pour élire les réprésentants des deux Conseils, s'emparer des caisses publiques, des biens du clergé, confisquer les propriétés des aristocrates de toute espéce, c'est-à-dire, des riches, réclamer la protection de la France, qui a déclaré qu'elle l'accordera à tous les peuples qui aspireront à la liberté: tout cela est facile, prompt et effrayant pour les peuples. Il est dans la nature humaine de haïr les liens, quelque doux, quelque justes, quelque nécessaires qu'ils soyent; les hommes aiment l'indépendance et la nouveauté.

Les plans sont faits d'avance à Paris, et ne sont pas inconnus; l'impulsion est donnée; l'exemple séduisant; les obstacles tardifs et maladroits; les souverains effrayés et sans union. Si la paix se fait à Rastadt sur les conditions dictées par les français, peu d'années suffiront pour amener la démocratie universelle, qui commencera ses progrès par l'Allemagne, où elle à déjà pris de profondes racines.

Quoiqu'il en soit, il faut regarder le Congrès de Rastadt comme une représentation de pure formalité, la paix comme faite aux dépens de l'Empire, le Rhin comme limite de la République française. L'Allemagne deviendra ce qu'elle pourra: revenons à la France.

L'Italie.

Il reste encore à la France à arranger l'Italie: elle a un prétexte, ou fortuit, ou prémédité, pour décider, sous peu du sort de Rome théocratique, dont l'existence doit être insupportable aux adorateurs de la raison, aux Théo-philantropes, aux Athées. Si le Pape était une Antique, les Commissaires le rapporteraient à Paris, pour l'étaler dans le Musée national. Ils se contenteront de le dépouiller de sa dignité et de ses richesses. Les Romains formeront une petite république à l'instigation des Gallo-Cisalpins; et ils instigueront à leur tour les Napolitains et les Siciliens à former deux petites républiques démocratiques. Le Roi de Sardaigne, le Duc de Parme, le grand Duc de Toscane, disparaîtront ensuite pour faire place à d'autres petites républiques.

L'Italie sera déchirée par le régime fédéral, par des guerres entre tous ces petits états, pauvres, inquiets et jaloux, dépendants et tributaires de la grande république-mère, jusqu'à ce qu'un homme de génie réunisse indivisiblement cette nation régénérée et aguérrie, secoue le joug de la France, et la fasse repentir de sa manie révolutionaire.

Voilà vraisemblablement le plan, encore secret, du Directoire Français sur l'Italie; voilà, d'après ce plan, ce qu'on peut présager sur le sort de cette belle contrée: il n'y a qu'une guerre générale contre la France qui puisse changer cet ordre de résultats enchainés l'un à l'autre, et qui puisse remettre l'Italie à peu près comme elle était.

Le Portugal.

Il reste encore à la France à terminer sa querelle contre le Portugal, pour enlever à l'Angleterre les ressources de son commerce et l'asyle de ses ports, sur-tout de celui de Lisbonne. Si le Portugal était aux pieds de Pyrénées, sa conquête serait prompte et facile; mais son éloignement y met des oastacles, qui seront encore multipliés par la répugnance très-naturelle qu'à la Cour d'Espagne à voir une armée française traverser ses provinces, y vivre à ses dépens, pour aller envahir ce royaume voisin. On a détaillé, aux chapitres d'Espagne et de Portugal, les intérêts très-considérables qu'ont ces deux peuples, à ce que cette funeste expédition n'ait pas lieu.

Mais aucune considération n'arrêtera le Directoire français; s'il a résolu cette expédition, le Général français traversera l'Espagne, l'armée espagnole se réunira à lui, la consternation saisira la Cour de Portugal, qui se soumettra à toutes les conditions; le Général français entrera en triomphe dans

Lisbonne, reprendra le chemin de la France chargé d'un butin immense, laissera derrière lui, en Portugal et en Espapne, le germe de la révolution démocratique, et le Portugal restera tributaire de la République Française.

Quoique cette chaine de résultats soit d'une prohabilité presque démontrée, s'il se trouvait un homme de génie à la tête de l'armée portugaise, qui sçût tirer parti de la nature difficile du pays; si l'ancien honneur de cette nation, jadis si belliqueuse, se réveillait; si elle recevait à propos des subsides de l'Angleterre, elle pourrait tirer la guerre en longueur; défendre pied à pied ses montagnes, et ses places fortes assez multipliées; ruiner l'armée française; établir la discorde et la méfiance entr'elle et les Espagnols, et réussir peut-être, par l'exemple de sa fermeté, à rallier à elle les Espagnols contre leurs dangereux alliés; faire éprouver aux guerriers français des disgraces auxquelles ils ne sont pas accoutumés, et forcer le Directoire Français à se repentir de son imprudence de tenter aux deux extrémités de l'Europe deux grandes expéditions à la fois, en portant la guerre aussi loin de ses frontières, pendant qu'il s'occupe de la descente en Angleterre : objet principal, dont la réussite entraîne la réduction du Portugal, au lieu que le succès de l'invasion du Portugal n'influe en rien sur la descente en Angleterre.

L' Angleterre.

Il reste encore à la France à tenter l'expédition contre l'Angleterre. Le Directoire, à force de déclamations et d'accusations outrées, a réussi à animer la nation contre les Anglais. La cupidité, qui voit tout l'or de l'Europe ramassé en Angleterre, se joint à la haine nationale. Le plan est fait, et aura lieu. Des préparatifs immenses se continuent avec une profusion extrêmement dispendieuse. Si l'entreprise n'a pas lieu, le trésor public est épuisé, le Directoire est perdu.

Buonaparte, le Scipion Français, (destiné peut-être à avoir le même sort) est chargé de détruire la moderne Carthage, L'habitude des succès fait qu'on ne prévoit pas même la possibilité d'une disgrace. Personne ne doute en France de la réussite de cette importante expédition. C'est un *coup-*

de-main qu'on est pressé de terminer, parce qu'on est las de sept ans de guerre. C'est, à ce qu'on croit, le sceau de la paix universelle, la base de la solidité de la république démocratique, et la fin de toutes les calamités, qui, depuis l'instant de la révolution n'ont pas cessé d'accabler la France; c'est la toison d'or, le couronnement de toutes les victoires, le prix de tout le sang, le comble de la gloire nationale.

Cette expédition aura donc lieu, et vraisemblablement dès le printems. On a détaillé, au chapître de l'Angleterre, ses facilités et ses difficultés. Si elle réussit, la république Française sera la maitresse absolue de l'univers. Tous les Gouvernements de l'Europe existeront sous son bon plaisir. Tous seront ses tributaires, et la nation française n'aura plus d'ennemis qu'elle-même, son orgueil, sa cupidité, son luxe, son immoralité, ses discordes, son inconstance et sa démocratie outrée. Elle aura parcouru en peu d'années tous les degrés par lesquels la république romaine a passé en plusieurs siécles, pour arriver au sommet du pouvoir et en descendre précipitamment. Alors ce colosse trop pesant pour son piedestal d'argile s'écroulera, se brisera dans sa chûte.

Mais si cette expédition ne réussit pas, ce qui est très-possible, si la flotte invincible de l'Angleterre gagne une bataille décisive contre les flottes Française, Espagnole, et Batave, réunies, ou séparément; si la nation anglaise, aussi orgueilleuse, aussi énergique que la Française, aussi animée, par le patriotisme et la haine nationale, repousse l'armée Française aussitôt après sa descente, la détruit, ou la force à se rembarquer avec perte, ou lui coupe la communication avec la mer, l'affaiblit, la harcéle, l'affame, et finit par faire échouer cette grande expédition, qui ne peut être tentée en grand qu'une fois, et qui partiellement et en détail peut manquer dans l'exécution; alors la France est entièrement ruinée; tous ses lauriers sont flétris; ses alliés l'abandonnent, et se tournent contr'elle; les autres puissances de l'Europe l'attaqueront de tout côté; elle aura perdu la fleur de ses guerriers et la réputation de ses armes; elle sera sans argent, et les discordes intérieures achêveront sa ruine.

Un autre danger, personnel au Directoire et à ses deux très-soumis Conseils, résultera du désespoir et de la vengeance des troupes, qui se regarderont comme sacrifiées à la témérité et à l'ambition de cette olygarchie abhorée. Ces soldats, à présent les seuls soutiens de son pouvoir tyrannique, se tourneront contre elle, et y seront excités par le voeu général de la Nation. C'est à Paris qu'is iront chercher les récompenses et le pillage qu'on leur promet en Angleterre. Les Généraux eux-mêmes, ou seront les premières victimes de l'excusable fureur des troupes, ou partageront leur indignation et leur révolte.

Il n'est même pas nécessaire, pour attirer cette explosion militaire contre le Gouvernement actuel, que la descente en Angleterre se termine par une catastrophe honteuse pour les armes Françaises. Il suffit qu'elle soit trop long-tems retardée, ou abandonnée, après avoir été annoncée avec tant d'emphase. Le rassemblement de tant de militaires oisifs qu'on ne pourra plus payer, quand le trésor sera épuisé par ce dispendieux simulâcre, excitera de même leur indignation, et les portera aux mêmes excès.

Le Directoire semble prévoir ce danger et on peut regarder comme une précaution contre l'insurrection des armées le décret nouvellement rendu, qui remet sur pied les gardes-nationales. C'est cependant pour ce décret, très-constitutionnel, que les malheureux Déportés du 18 Fructidor, ou 4 Septembre 1797, ont été déclarés traitres à la Patrie!

C'est par la force des bayonnettes que cette révolution s'est faire alors; c'est par la même force que le gouvernement actuel sera détruit.

Ce chimérique milliard en terres, dont on avait, très-imprudemment, bercé les troupes, a déjà été converti par un décret en pensions viagères, qu'on leur promet. Mais croit-on qu'elles se contentent de cette transmutation de propriété réelle et immeuble en une pension viagère qui sera distribuée arbitrairement, qui sera payée, comme les autres pensions et rentes, avec des réductions, des lenteurs, ou de mauvais effets? D'ailleurs, si on n'a pas réservé ce milliard en fonds de terre, sur quoi seront hypotéquées les sommes énormes de ces pensions viagères? Qu'en résultera-t-il même, si on peut toujours remplir les conditions du décret? Au lieu de faire des cultivateurs et des pères de famille de cette classe précieuse de braves guerriers, on les aura transformés en une masse de rentiers oisifs, célibataires par force, et par conséquent inutiles ou dangereux, et la nation en sera surchargée. Il ne fallait point tromper la nation, et encore moins les soldats. Ceux-ci se vengeront, et c'est leur rassemblement pour l'expédition d'Angleterre, c'est la rentrée des autres armées à raison de la paix continentale qui en fourniront l'occasion. — Voilà le jeu dangereux que joue le Directoire avec son projet de descente en Angleterre!

Dangers Intérieurs.

Examinons à présent les dangers intérieurs de la France. Toute la nation déteste et méprise le gouvernement actuel; mais elle est comprimée par la crainte du retour du régime de sang, qui serait la ressource de ce Gouvernement, s'il voyait éclater une insurrection générale; il s'en élève continuellement de partielles dans tous les départements ; mais sans ensemble, sans chefs puissants et habiles, sans plans, elles sont toujours éventées, étouffées par le massacre de leurs auteurs, et cependant elles renaissent continuellement. Cela prouve qu'il existe une fermentation et une indignation générales.

La démocratie ne règne que dans la partie la plus misérable, la plus turbulente de la nation ; les propriétaires, les artisans laborieux, les cultivateurs occupés l'ont en horreur ; mais quoique cette secte ne forme qu'une minorité, son activite supplée à son nombre, et le multiplie. Elle fournit au gouvernement des espions, des délateurs, des bourreaux, des assassins, des missionnaires, des prôneurs, des aboyeurs. C'est sur-tout dans les assemblées primaires qu'elle s'agite avec fureur, qu'elle fait taire, ou disparaître les bons citoyens, qu'elle s'empare des élections ; c'est de son sein que se tirent, depuis quelque tems, les membres des deux Conseils.

Elle infecte les armées, qui ne sont pas, comme dans les anciennes républiques, un choix de citoyens, mais un mélange de toutes les nations. La plûpart des Généraux lui sont dévoués, ou le paraissent pour leur sûreté. C'est par cette influence démocratique que les Armées sont étrangères à la nation, et n'ont montré jusqu'à présent d'attachement qu'au gouvernement qui les a achetées.

Aussi les soldats français sont-ils aussi terribles à leurs compatriotes qu'aux nations contre lesquelles ils font la guerre. Ils vivent dans leur patrie comme dans un pays ennemi. Ils se font nourir *gratis*, voyent par-tout des aristocrates, pillent, menacent, insultent ; c'est sur-tout à Paris qu'ils déployent leur dureté licenciense. Mais le jour que la paix fera rentrer la plupart d'entreux dans leurs foyers ; que leur oisiveté et leur mécontentement les rapprocheront des plaintes et de l'oppression de leurs concitoyens ; que leur intérêt redeviendra commun, ils tourneront le dos à ce gouvernement, qui les éblouit à présent par de petites récompenses et de grandes promesses, et après avoir été les instruments de l'oppression, ils deviendront les moyens de la délivrance.

Cette époque parait encore éloignée, mais le Français va vite en révolution. Par quoi sera remplacé le gouvernement actuel? Par un autre gouvernement vicieux, qui en amenera encore un autre, jusqu'à ce que, de chûte en chûte, la nation Française reconnaisse qu'elle est trop nombreuse, trop avide de gloire, de luxe, de plaisirs, de jouissances, pour exister toujours sous un farouche régime démocratique, qui ne produit que des exagérations, de la frénésie, des agitations, des factions et des crimes; qui détruit la sûreté personnelle et celle des propriétés; qui anéantit tous les liens sociaux; qui, sous le nom de la liberté, tyrannise avec l'impudence la plus grossière; qui, plusieurs fois par an, renverse ces Démagogues méprisables, en élève d'autres plus méprisables encore; qui recrute la population de la France, épuisée par ses fureurs, par la guerre, par les massacres, par l'émigration, par le bannissement, par la déportation, avec l'écume de toutes les nations de l'univers; qui déguise l'égalité politique sous les dehors les plus dégoûtants d'une fraternité sauvage; qui assomme et pille avec la licence la plus barbare au nom de la patrie; qui donne à la génération présente l'exemple de tous les vices, et à celle qui suit une éducation féroce et insociale.

Les Français se lasseront d'être le fléau et la terreur des autres peuples, dont ils auraient pu, et peuvent encore, être l'amour et l'espérance. Tous ces maux dérivent du gouvernement actuel, de son inquiétude, de sa fausse politique, de son ambition, de son incapacité, et sur-tout du besoin qu'il a d'agiter par la démocratie tous les états, toutes les villes, intérieurement, ou extérieurement, pour se soutenir.

L'inquiétude du gouvernement se voit dans les marches continuelles de troupes au travers de la république; dans les dépenses énormes de corruption, d'espionage et de délation; dans le choix des Commissaires du pouvoir-exécutif et de ses agents en pays étrangers; dans l'intolérable persécution des malheureux parents d'Emigrés qui sont restés en France; dans le choix des hommes tarés et condamnés, dont il s'entoure, et qu'il employe; enfin dans tous les ressorts de sa ténébreuse tyrannie.

Sa fausse politique se démontre par la manie de républisanier autour de lui; de réunir des peuples divisés par une constitution fédérale; de mettre dans les mains de peuples tranquilles des armes qu'ils tourneront un jour contre la France? par les mesures hazardeuses de sa guerre de Portugal et de descente en Angleterre; par le sacrifice, contraire aux principes de la constitution française, de la liberté, d'une antique république, qu'il livre au despotisme du monarque autrichien, que, par cet agrandissement il rend formidable aux nouvelles républiques qu'il fonde en même tems en Italie; par la réunion de la Ligue Helvétique en un seul corps de nation, à laquelle il donne une force d'ensemble, qui doit un jour devenir dangereuse pour la France, tandis que celle-ci avoit dans la faiblesse fédérale des Suisses le gage de la sûreté d'un tiers de sa frontière orientale.

Son ambition perce dans l'abus qu'il fait de ses victoires, pour incorporer violement dans la république les peuples de la rive gauche du Rhin, qui montrent la plus grande répugnance à cette association; dans la violation de la suspension-d'armes, pour s'emparer de Mayence, de Manheim, d'Ehrenbreitstein et de l'Evêché de Bâle; dans le département créé à Corfou, qui est une pierre d'attente de nouveaux projets révolutionnaires contre les Turcs ses alliés; dans l'avarice, l'insolence et la dureté avec lesquelles il traite toutes les nations, nommément ses bons alliés les Américains; dans ses pirateries contre les neutres, sanctionnées par un décret qui lui nuit autant qu'à eux; enfin dans tous les abus de pouvoir qui produiront nécessairement un jour une insurrection générale de tous les peuples contre la France.

Son incapacité est prouvée par l'énormité de ses dépenses qui le font continuellement recourir à ce même agiotage contre lequel il crie, et qu'il fait quelquefois semblant de persécuter: dépenses, qui le mettent dans la dépendance des fournisseurs, dont les fortunes rapides et le luxe impudent découvrent à la nation indignée les gouffres, qui ont englouti ses trésors; elle est prouvée, par l'impossibilité où il se trouve de rendre compte des énormes contributions de la Hollande, de l'Italie et de l'Allemagne, qui, bien ménagées, auraient dû suffire pour la conduite de toute la guerre, et épargner le numéraire français qui s'est écoulé en pays étranger; par le nombre prodigieux de décrets, de loix, de proclamations contradictoires, toutes sans effet; par la destruction poursuivie avec acharnement de l'ancien culte, auquel on a substitué des fêtes payennes, puériles, insignifiantes, ou qui présentent au peuple les plus viles prostituées à adorer, comme le type de la Divinité; par la démoralisation nationale etc. etc. . . . ! !

Les victoires de la nation, sa gloire militaire appartiennent au soldat français, au bon esprit, au courage, au dévouement patriotique de la nation; toutes les calamités qui accompagnent sa gloire militaire, sans en être compensées, dérivent du vice de son gouvernement. La Constitution est essentiellement bonne, mais elle n'est, ni connue, ni observée. Il ne devrait plus y avoir en France, ni aristocratie, ni démocratie. On ne devrait y voir qu'une patrie et des citoyens. Cette dénomination de démocratie est le mot de ralliement des Jacobins, des *sans culottes* et des terroristes. C'est toujours la même secte, elle a la même marche et produit les mêmes effets.

Un très grand danger de la France, c'est la trop grande extention de ses limites. Les peuples Allemands qu'elle vient d'y enclaver détestent publiquement cette réunion. Jamais on ne parviendra à plier leur simplicité aux subtilités métaphysiques, à l'audace immorale de Paris. Ils seront toujours Allemands dans le coeur, et souvent on sera forcé de les traiter en ennemis. Dans les guerres contre l'Allemagne, on les aura contre soi, au moins d'intention. On peut en dire presqu'autant des malheureux Belges, qu'on a tant opprimés, et des Bataves, qui sont plutôt les sujets que les alliés de la France. La Savoye et le Comté de Nice n'aspirent qu'à dénouer le lieu de fraternité dont on les a enchaînés.

Tous les bons politiques, tous les habiles militaires, tous les hommes justes, même en France, ont protesté contre cette extention de territoire. Les Plénipotentiaires Germaniques à Rastadt ont fort bien observé aux français que le Rhin n'est pas une ligne de défense contre l'invasion; que ce fleuve peut se passer, par-tout, quand et comme l'on veut.

Tous les politiques français ont observé qu'une aussi grande étendue de territoire forcerait la France à entretenir une trop forte armée, rendrait la république trop militaire, lui susciterait trop de guerres, lui occasionnerait trop de dépenses, et pourrait, un jour, donner à des Généraux ambitieux la tentation et les facilités de renverser la république.

Les militaires habiles disaient que les anciennes frontières de la France étaient parfaites, hérissées de deux rangs de places-fortes inforçables; que si des raisons politiques engageaient à les outrepasser, il était absolument dans les régles de l'art de se donner la Meuse pour limite, par ce que la défensive en était concentrée, rétrécie et facile entre Maestricht et Luxembourg; mais qu'il était dangereux militairement de porter sa défensive sur la ligne du Rhin.

Les hommes justes criaient que c'était aller contre les droits de l'homme, violer les principes de la constitution et les serments de la Nation, que de forcer des peuples à se laisser incorporer dans la république française, sans être consultés, et malgré eux; qu'il y avoit de la mauvaise foi et de la dérision à proclamer la renonciation aux conquêtes, dans le tems-même où l'on abusait le plus du droit du plus fort. Ceux-là ont été les moins écoutés.

Certainement, si dans les assemblées on consultait la nation, (à laquelle on dit continuellement qu'elle est souveraine, en la faisant arbitrairement obéir,) si on lui disait: »voulez-vous conserver vos con»quêtes, quoiqu'en jurant votre constitu»tion, vous ayiez renoncé à devenir con»quérante: vous allez incorporer dans vo»tre sein des peuples qui abhorrent cette »réunion, que vous serez souvent forcée »de traiter, non en frères, mais en escla»ves, et vous serez exposée, par rapport »à cette injustice, à continuer la guerre, »ou à en soutenir une générale"? La nation répondrait unanimement, nous voulons la justice, nos anciennes limites et la paix.

Le plus grand des dangers de la France, celui qui aménera nécessairement une révolution décisive, on ne prévoit pas encore en quel sens, c'est le desordre irrémédiable des finances. Ce désordre tient à la forme démocratique de l'administration dans toutes les parties de l'économie publique. La confusion des pouvoirs, la multiplicité des employés de tous les états, le defaut de payement, l'impunité qui en résulte, la nécessité de tout faire passer par les traitans, les anticipations, tous les anciens vices de la Finance se sont grossis et multipliés par l'ineptie des Législateurs.

Les Impositions, d'après l'aveu des financiers de la république, ne peuvent monter au plus qu'à six-cent-seize millions. On vient de rétablir la taxe immorale des Loteries; on a déjà osé proposer de rétablir la Gabelle; on à tenté de renouveller la Ferme du Tabac. On tirera peut-être, pendant quelque tems, quelques petits tributs de quelques peuples faibles de l'Europe; cette source tarira bien vîte, et deviendra amère.

Hé bien, qu'on fasse monter la totalité des perceptions à huit, même à neuf-cent-millions, il manquera toujours plus de deux-cent-millions, en tems de paix et sans dépenses extraordinaires, pour égaliser la Recette avec la Dépense. Mais il faut en outre observer que l'immensité des arrérages dus par le peuple, qui montaient, à la fin de 1797, à treize-cent-millions, prouve que les impositions sont assez mal payées. Il faut encore observer que plus d'un tiers de ces impositions n'arrive pas au trésor national, mais reste dans les départements pour faire face aux dépenses départementales, municipales etc.; car ce sont autant d'états dans l'état. Pour les finances la république est fédérative.

Comment remplir ce déficit? Que deviendra-t-il, si, par la mauvaise politique, ou par l'ambition irréfléchie de son Directoire, la France se trouve engagée dans une guerre générale?

Le gouvernement avoue que les préparatifs de la descente en Angleterre forment déjà une dépense extraordinaire de deux-cent-millions. En 1779, un simulacre de pareille descente, qui n'employa que trois mois et trente mille hommes, coûta quatre-vingt-millions d'extraordinaire. Celui-ci est plus que triple pour le tems, pour le nombre d'hommes et de vaisseaux. Ainsi le gouvernement se trompe s'il n'a pas voulu dire deux-cent-millions par mois.

Si l'entreprise réussit, l'Angleterre remboursera ces fraix, et en outre un très-gros numéraire en sortira pour entrer en France; mais le Directoire n'en sera pas plus à son aise, le gaspillage sera plus considérable, mais l'économie et la balance des finances ne se rétabliront jamais. Plusieurs particuliers deviendront trop riches, l'état restera pauvre. Les français seront jetés par ce succès dans un cours de conquêtes et de guerres nouvelles, où ils finiront par trouver leur ruine,

Si, au contraire, cette entreprise ne réussit pas, soit qu'elle soit empêchée par la rupture du Congrès de Rastadt et suivie d'une guerre générale; soit par la jonction à l'Angleterre des Puissances du nord et de l'Amérique, vexées outrageusement par le corsairage et le décret très-impolitique du gouvernement français contre la libre navigation des vaisseaux neutres, et d'ailleurs très-intéressés à ce que l'Angleterre ne perde, ni sa constitution, ni sa puissance navale, et sur-tout que les français ne deviennent pas les dominateurs des mers; soit enfin que les Anglais la fassent échouer : alors la France sera perdue, ruinée, et le Directoire et les Conseils, ses acolytes, éprouveront aussitôt la vengeance nationale.

La France n'est donc point à l'abri des calamités qu'elle accumule, très-injustement et même très-impolitiquement, sur le reste de l'Europe, ni de celles, encore plus grandes, dont elle la menace. Sa conduite impérieuse et incendiaire indigne et effraye toutes les nations; elle se la reprocherait elle-même un jour, quand même elle ne devrait pas en être la victime. Elle-même est exposée à beaucoup de dangers, dont elle ne peut se délivrer que par beaucoup de sagesse et de modération. Elle a, sur le reste de l'Europe, l'avantage d'être seule maîtresse de son sort. Le bon sens lui dit de changer de conduite et de donner la paix à l'univers, pour sa propre sûreté.

Mais ce n'est point la terreur qu'il faut chercher à émouvoir chez le peuple français. C'est sa générosité, sa grandeur, c'est cette même exaltation, qui l'a élevé au dessus de tous les peuples de l'Europe, que l'on invoque.

Voici les conditions qui sont imposées à la nation française par sa gloire, par la justice universelle, par sa propre constitution.

1°. Qu'elle bride l'inquiétude Cisalpine, et qu'elle rende à l'amiable la tranquillité au reste de l'Italie.

2°. Qu'elle rende à la Ligue Suisse l'Evêché de Bâle, qu'elle n'a aucun droit de garder, et son libre arbitre; qu'elle accorde simplement ses bons offices à la république *Lémanique*, puis qu'elle a suscité et favorisé son insurrection; qu'elle retire son projet de constitution Trans-Jurane et ses trente-mille hommes, puisque trente-mille hommes suffisent pour soumettre les Suisses!

3°. Qu'elle se relâche de la limite du Rhin, en la reculant sur la Meuse, et que sur cette base modérée elle conclue la paix avec l'Empire, et qu'elle s'engage à ne pas se mêler de la discussion que pourra produire la paix de Campo-Formio, et l'envahissement par l'Empereur de l'Archevêché de Salzbourg et d'une partie de la Bavière.

4°. Qu'elle accorde au Portugal le même traité de paix modéré qu'elle a conclu avec la Cour de Naples, c'est-à-dire une neutralité parfaite.

5°. Qu'elle retire son décret tyrannique contre la navigation libre des vaisseaux neutres, tout aussi nuisible à son propre commerce qu'au commerce d'Angleterre, et qui offense si cruellement les Puissances neutres.

6°. Qu'elle annonce à toute l'Europe un armistice, sur terre et sur mer, sans terme, jusqu'à parfaite conclusion d'un traité définitif entre elle, l'Espagne et la Hollande d'un côté, et l'Angleterre, de l'autre.

7°. Qu'elle exige et accepte la médiation des Puissances maritimes pour la convention des restitutions mutuelles et indemnités entr'elle, l'Espagne et la Hollande d'un côté, et l'Angleterre de l'autre, et pour la conclusion d'une paix définitive et *Universelle*.

Certainement aucun peuple de l'Europe, ni présent, ni à venir, dans la position triomphante où se trouve la nation française, ne pourra imaginer que la peur, ou la faiblesse, l'ont portée à cette juste moderation. On sera persuadé, au contraire, que fidéle à ses principes constitutionnels et à ses serments, elle veut donner aux autres peuples l'exemple de la générosité et de la justice. Tout le monde admirera cette nation extraordinaire; elle gagnera l'amour universel; elle effacera toutes ses erreurs; elle fera taire tous ses ennemis; elle assurera sa liberté et sa constitution; et elle fondera son bonheur sur celui de l'univers. Après avoir vaincu toute l'Europe, il ne reste plus aux français qu'à se vaincre eux-mêmes. S'ils ne le font pas, ils ressembleront à tous les peuples; s'ils en viennent à bout, ils seront une nation incomparable.

Mais le Directoire objectera que la France a fait de grandes dépenses, qu'elle est sans argent, qu'elle a besoin d'être indemnisée.

Un voleur fut arrèté: le juge lui demanda pour-quoi il volait; il répondit, qu'il avait dissipé une très-grande fortune, qu'il ne pouvait plus vivre sans voler. — Il fut pendu.

Cet apologue est pour le Directoire, et pour lui seul. La nation française a été châtiée de ses fautes par ses fautes-mêmes. Elle est noble, grande et susceptible de toutes les vertus. A bien des égards, elle mérite d'être heureuse, et elle le sera. Elle-même fera son sort, punira les coupables qui l'ont égarée, se donnera une constitution sage, des loix justes, un gouvernement solide; alors elle jouira de la tranquillité, dont son agitation a privé l'univers.

Les cinq mois qui se sont écoulés entre la première et la seconde édition de ce tableau présentent de grands événements. 1°. L'expédition de Rome. 2°. La guerre des Liguriens et des Cisalpins contre le Roi de Sardaigne. 3°. La *Conquête* de la Suisse. 4°. Les conférences de Selz. 5°. La Révolution opérée en Hollande par le Général *Daendels*. 6°. La soumission des rébelles de l'Irlande. 7°. La Négociation avec les Etats-Unis de l'Amérique. 8°. L'expédition de *Buonaparte* et la prise de Malte.

1°. L'expédition de Rome n'est rien moins que glorieuse. Aucune résistance n'a illustré l'entrée au Capitole, que des prêtres timides ne pouvaient défendre, et qui n'a eu pour témoins qu'une populace craintive, qui n'a exprimé son indignation que par quelques assassinats. Les Commissaires du Directoire ont achevé de déshonorer cette expédition par un brigandage, qui a révolté les braves soldats chargés de les soutenir. Les officiers de cette armée ont témoigné une honorable indignation, ils ont porté les plaintes les plus graves contre les brigands; le Directoire a dissimulé, mais on a puni ces guerriers trop scrupuleux, et Rome a été dévastée, par les français, comme par les anciens barbares. Le Roi de Naples, le grand Duc de Toscane, le Duc de Parme, la petite république de Lucques ont acheté la Paix, mais ils n'en sont par quittes, d'autres combinaisons retardent le moment de leur chûte.

2°. Peu de tems après, une insurrection sourdement organisée s'est levée contre le Roi de Sardaigne. Les Liguriens l'ont soutenue publiquement, en donnant azyle aux rébelles armés. Il en est résulté une guerre ouverte; Les Cisalpins sont venus au secours des Liguriens. Le malheureux monarque s'est jetté entre les bras de la France, qui lui a arraché la citadelle de Turin. Ce Roi, prisonnier dans sa capitale, est encore en butte aux tracasseries scandaleuses du Général français commandant en Lombardie; à la vérité ce général vient d'être rapellé en France *). Il paraît, d'après la conduite versatile et obscure du Directoire français, et d'après le renforcement prodigieux des Impériaux dans l'Etat de Venise, qu'il se trâme, sur le Nord de l'Italie, des plans soumis à des négociations secrétes, qui doivent faire éclorre, quand il en sera tems, des échanges, des cessions de territoire, qui changeront vraisemblablement le sort de l'Italie entière.

3°. La guerre courte et sanglante contre les Suisses est un modéle d'injustice, de tyrannie et de brigandage. La conduite du proconsul *Rapinat*, son rapel, son rétablissement, la bassesse servile du Gou-

*) Il vient d'être renvoyé en Italie.

vernement d'Arau, la disposition toute militaire de cette contrée, la propagande établie en Souabe et en Bavière, l'incorporation de Genêve dans la grande nation, sont les avant coureurs de la réunion de toute l'Helvétie à la France, ou de son affranchissement prochain de ce joug odieux.

Combien le nom de *Guillaume Tell* est profané, tant par les réprésentants de la ligue Helvétique, que par les français, qui la dominent et l'épuisent! L'engagement qu'a pris le nouveau Directeur *la Harpe*, aux yeux de l'Europe entière, doit, s'il a le courage de le remplir, en faire, ou la victime des *conquérants*, ou le libérateur de sa patrie.

Quel est le Suisse, qui en comparant le sort tranquille dont il jouissait il y a 18 mois avec son avilissante *liberté* actuelle, ne se croit pas poursuivi par les fantômes d'un rève effrayant, et ne desire pas le moment du réveil — de toute la Nation?

4°. Les conférences de Selz, qui ont paralysé les négociations de Rastadt, et dont le résultat apparent est une rupture, mais dont le mystère couvre, peut-être, des points arrêtés, qui ne seront connus qu'après les conférences de Berlin, lesquels peuvent encore être changés par le résultat de l'expédition secréte de *Buonaparte*, laissent l'Europe entière dans l'incertitude de la paix ou de la guerre, que personne, pas même le Directoire français, ne peut fixer irrévocablement, par ce que toute la politique actuelle dépend de circonstances et de futurs contingents, dont la Providence seule tient le fil.

5°. La Révolution opérée en Hollande par le général *Daendels*, appuyé par le Directoire français, qui avait aprouvé la première Révolution Jacobine, élaborée en Janviér par son ambassadeur *La Croix*, présente à l'observateur un objet frapant de réflexion et de comparaison entre *Daendels* et *Augereau*. Un moderne *Plutarque* ne manquerait pas de mettre en opposition ces deux hommes *illustres*.

Il en résulte que lorsque la force militaire a été employée arbitrairement par une faction contre la Majorité, lorsqu'elle a agi contre les principes de la Constitution, lorsqu'elle a pu violer impunément cette Constitution, en changeant, vexant, emprisonant, déportant, soumettant, les représentants de la Nation, elle a prouvé, ce qui n'a jamais été contesté, que le gouvernement réside dans la force, que les mêmes soldats qui ont fait une révolution dans l'état peuvent la renouveller, et sont le moyen extrême dont l'ambitieux, ou l'oprimé, peuvent se servir pour anéantir la liberté, ou pour abattre la tyrannie.

Augereau, satellite de trois Directeurs, arrètant les deux autres, brutalisant le commandant de la garde Constitutionelle, entraînant ses soldats, et se servant d'eux pour arrèter les représentants du Peuple; *Daendels* bravant les décrêts du Directoire Batave, apuyés par l'ambassadeur de France, oposant à cet ambassadeur les ordres secrêts donnés au général des troupes auxiliaires françaises, entraînant dans son parti la garde prétoriene de ce faible sénat, montrent l'un et l'autre combien la loi est faible contre un coup de main, quand l'autorité réside dans des personnes *égales*, qui n'ont point un droit absolu envelopé de dignité, que le peuple soit porté à respecter.

Ces deux exemples prouvent encore que lorsqu'une Nation délégue l'exercice de la Souveraineté à ses pareils, elle s'intéresse peu aux individus qui en sont revêtus; qu'elle voit leur existence avec indifférence et leur chûte avec mépris; qu'en général elle ne les regarde que comme des usurpateurs, heureux, ou maladroits, qui se punissent tour à tour. La tranquillité du peuple dans ces coups d'état est apathie.

Cette apathie prouve qu'il n'y a ni amour ni confiance entre les gouvernants et les gouvernés. Ces deux bases d'une bonne constitution manquent absolument lors qu'une nation est démoralisée. C'est à ce point qu'en six ans de calamités est parvenue la Nation Française, par *les soins* des hommes de sang et d'argent, qui ont imprégné la France de leurs crimes, et qui, pour priver la justice et la raison de ses vengeurs, travaillent ardemment à conduire tous les autres peuples au même point de désorganisation.

6°. La révolution préparée en Irlande par le Directoire français, et la promte soumission des rébelles qu'il a fait insurger trop tôt, et qu'il a sacrifiés pour selivrer à une diversion lointaine, qui a donné le tems aux Anglais de sauver ce peuple de ses propres fureurs, prouve la versatilité, le machiavelisme, la précipitation et les faux calculs de ce Gouvernement.

7°. La Négociation avec l'Amérique-Unie, publiée contradictoirement de part et d'autre, a pris au départ du ministre Américain *Gerry*, une nouvelle tournure. La lettre du ministre des affaires étrangères de France à Mr. *Gèrry* contient un désistement de l'emprunt et du désaveu du discours du Président du Congrès. Pourquoi avoir attendu ce départ, si réellement le Directoire desirait la Paix? pourquoi ne pas s'être relâché de ces deux points pendant que les trois ambassadeurs étaient encore à Paris? comment a t'on pu imaginer qu'un seul, quand même il aurait des pouvoirs suffisans, ôserait prendre sur lui de continuer une négociation, au travers de laquelle on *avoue* qu'une intrigue subalterne s'était mêlée, et dont les premières propositions révoltaient l'égalité et la dignité d'un peuple libre et allié? Comment a t'on ôsé rejetter sur les Américains le reproche d'aggression, quand ils ne se sont pas permis un seul acte de revanche pour repousser l'injure, pendant qu'on leur prenait tous leurs vaisseaux ? Comment un gouvernement arbitraire, ennivré de ses victoires, se permet il de donner aux nations maritimes et commercantes pour loix générales des Décrêts qu'il a dictés à un corps législatif *passif*? Comment prétend il changer, à songré, le droit maritime pour tout l'univers? Comment se presse t'il de faire exécuter, même rétroactivement, ces loix de rigueur, contre tous les pavillons, avant d'en avoir traité avec les Puissances neutres ou alliées, et de leur en avoir fait reconnaître la justice ou la nécessité.

Si on veut juger des excès auxquels les Corsaires français, se sont livrés en conséquence du nouveau code naval du Directeur *Merlin*, il n'y a qu'à lire le raport du citoyen *Grandmaison* au Conseil des cinq-cent, le Décrêt rendu par le Directoire contre les pirates des Antilles ; mais surtout les plaintes du Commerce Hollandais, et le Décret des législateurs Bataves contre les Corsaires français.

Certainement si le Directoire veut traitar de bonne foi avec les Etats-Unis, s'il desire conserver la paix et corroborer l'alliance entre les deux peuples, il faut qu'il commence à être juste; alors sa négociation sera simple et facile. La première condition du traité doit être *la restitution de tous les vaisseaux pris en tems de paix et d'alliance, ou une indemnité arbitrée et consentie entre les deux peuples.*

Telle est la conduite que doit tenir le Gouvernement français pour ne pas avilir le titre de GRANDE NATION, qui ne peut être mérité que par la sagesse, la justice, le vertu et la générosité. Il ne serait permis à aucun panégériste de qualifier du titre de grand homme le Ciclope *Poliphême*, parcequ'il était géant, ogre, et aveugle.

8°. L'expédition de *Buonaparte*, dont le début a été la prise de Malte, est indubitablement l'événement le plus important pour la perte, ou le salut, de l'Europe. On en examiné toutes les Hypothèses à la fin du discours préliminaire. Alors un voile épais couvrait les projets du Directoire, lorsque cette patrie du tableau spéculatif a été écrite au mois de Juin.

On sçait à le fin d'Aoust que la destination de *Buonaparte* est pour l'Inde, que l'Amiral *Nelson* est à sa poursuite, mais que ce général a une avance assez considérable pour pouvoir arriver avec sa flote au point de sa destination à Alexandrie en Egypte, et à Alexandrette en Syrie. On sçait qu'il n'a touché ni en Candie, ni en Chypre, qu'il n'a par conséquent point d'échelle entre Malte et les deux Ports où il doit avoir débarqué les deux divisions de son armée. Il va donc s'enfoncer en Asie, et suivre le plan le plus téméraire, le plus fou, qui ait été imaginé depuis le roi *Cambyses*, qui perdit une armée éntière dans les déserts de la Lybie.

Buonaparte a déployé tant de talents et de génie dans sa courte et brillante carrière, qu'il serait injuste de croire qu'il soit l'auteur ou l'approbateur d'un plan aussi extravagant; le public l'attribue à *Rewbel*, le même qui a donné les frontières du Rhin, contre l'avis de *Carnot*. On dit que *Buonaparte* a improuvé ce projet et a été jusqu'à proposer sa démission, que *Rewbel* lui a répondu, *que le Directoire donnait des démissions, et n'en acceptait pas*: que le général n'a eû d'autre parti à prendre que d'obéir. Si cette anecdote est vraie, il est parti sous de bien mauvais auspices.

Les nouvelles les plus funestes se répandent depuis quelque tems sur son sort. On le dit vaincu et pris dans une bataille navale décissve, livrée entre les Isles de Chypre et de Candie. Le tems nous instruira de ce fait, que le Directoire cherche à cacher le plus longtems possible, pour avoir le tems de prendre des mesures contre la juste indignation de tous les Français, à laquelle il s'attend, si le fait est vrai. Dans l'incertitude, supposons que *Buonaparte* avec son lourd convoi et ses vaisseaux de guerre mal armés ait échapé aux Anglais, et soit débarqué heureusement et sans obstacles aux deux Ports qu'il voulait atteindre.

Il ne l'a pas pu sans le consentement des Turcs : certainement pour obtenir cette permission de la Porte il a fallu que le Divan, ou au moins le *Reis-Effendi*, ait été gâgné ; car il a fallu que le Directoire envoyât d'avance des Commissaires, des fournisseurs, des Ingénieurs, des Constructeurs en Syrie et en Egypte, tant pour recevoir et pourvoir les troupes à leur débarquement, que pour leur préparer des vivres, des chameaux, des chevaux, des bateaux et tous les moyens de transport au travers de la Syrie et des déserts jusqu'à Bassora, et au travers de l'Egypte jusqu'à Suez, et à Cossir. Il en a fallu d'autres pour assurer la navigation de cette armée sur le golphe persique et la mer rouge, jusqu'à leurs détroits dans la mer de l'Inde. On suppose que le reste de l'expédition aura dû être arrangé à l'Isle de France, et que l'amiral *Richery* est parti d'avance avec six vaisseaux de guerre, pour cette destination.

Cette négociation avec la Porte peut avoir réussi il y a quelques mois et avoir été dérangée depuis. On sçait que le *Reis-Effendi* et une partie du Divan ont été, au moins, déplacés, que le ministre de France à Constantinople en est parti subitement, qu'à la nouvelle de cette expédition le peuple de Constantinople est entré en fureur, que la Porte depuis quelque rems semble se lier très étroitement avec la Russie et l'Angleterre, et qu'elle reconnait son véritable intérêt, qui est d'éloigner de son territoire toute communication avec une armée, dont le chef est le protecteur des Mainotes et du

Pacha de Scutari; et le Messie des Grecs et des Juifs.

Si la Porte est aprésent dans des sentiments contraires à cette expédition, le sort de cette armée française est entièrement dans sa dépendance. Certainement elle aura révoqué les ordres favorables qu'elle pouvait avoir donnés pour faciliter son passage. Si on refuse à *Buonaparte* les vivres et les moyens de transport, il est perdu sans ressource. Il peut bien enlever par force des vivres en Syrie et en Egypte, mais il lui sera impossible de traverser les déserts pour atteindre à son but d'embarquement, et s'il parvenait même à Bassora et à Suez, ayant le pays contre lui il n'y trouverait point de vaisseaux pour aller plus loin.

S'il est arrêté par ces difficultés, s'il est obligé pour sa subsistance de faire la guerre en Syrie et en Egypte, sa communication avec la France se trouvant interceptée par les Anglais, maitres de la mer et stationés dans les Isles de Rhodes, Chypre et Candie, il verra fondre son armée en peu de tems par les maladies, la faim et les combats irréguliers des Turcs, des Mammelus, des Arabes et des Egyptiens, contre lesquels notre tactique Européene ne pourra pas le garantir; et bien loin d'aspirer à arriver dans l'Inde, il sera trop henreux s'il réussit à se rembarquer avec les débris de son armée, et à échaper encore une fois à l'Amiral Anglais, qui alors le serrera de plus près. Cependant la guerre se sera rallumée en Italie, en Suisse, en Allemagne, et s'étendra peut-être plus loin.

Mais en supposant même que la Porte ne mette point d'obstacle à son expédition et la favorise jusqu'au — bout, il est presqu'impossible qu'elle réussisse. On a examiné à la fin du discours préliminaire la difficulté presqu'insurmontable du transport d'une armée par la mer rouge jusques dans l'Inde. La division qui partira de la Syrie rencontrera des obstacles phisiques encore plus grands. Comment conduire l'Artillerie et les Vivres? comment faire marcher l'Infanterie? Comment trouver dans les déserts des fontaines suffisantes pour abreuver tant d'hommes et d'animaux? comment transporter ce corps d'armée sur les frêles embarcations du Tigre? Comment trouver assez de barques pour ce transport? comment se garantir du pillage et des assassinats des

Arabes Bédouins? Comment trouver dans le golphe persique assez de vaisseaux et des bâtiments assez bons pour hazarder la navigation de la mer de l'Inde? Ce Golphe est bordé au Nord par les Persans, qui naviguent peu, quand leur gouvernement est tranquille, et qui sont actuellement déchirés par une guerre civile; au sud par les Arabes indépendants, errants, voleurs, ou pirates, avec lesquels il est impossible de traiter.

En supposant que tous ces obstacles soient surmontés, il faut encore débouquer de ces deux mers, et traverser celle de l'Inde pour arriver à la côte de Malabar.

On a examiné à la fin du chapître de l'Angleterre les difficultés qui attendent les Français à cette dernière époque de leur navigation, si les Anglais s'y opposent, et ils ont tout le tems de se préparer à empêcher *Buonaparte* de pénétrer dans l'Inde, puisque cette navigation en fermée pas les mousons contraires jusqu'en Avril 1799, et qu'elle ne sera r'ouverte qu'alors.

Si on avait prétendu arriver dans l'Inde cette année, il fallait que *Buonaparte* partît de France en Mars ou Avril, au plus tard, qu'il fût à Bassora et à Suez en mai ou Juin, pour profiter des trois mois de mouson favorable qu'il eût eu de reste pour arriver dans l'Inde. Il est parti trop tard, il arrirera trop tard : il faut qu'il attende pendant six ou sept mois, avec une armée entière, dans un pays désert, et sous un climat brulant la Mouson favorable. Certainement aucune armée Européene ne peut résister à cette épreuve, ce qui en restera ne sera plus qu'une poignée d'avanturiers qui ne pourra pas changer le sort de l'Inde, en supposant même que les Anglais ne les interceptent pas en chemin. Comhien sont à plaindre les braves troupes victimes d'un plan aussi exavagant!

Telle est l'expédition à laquelle le Directoire sacrifie ses meilleurs généraux, l'élite de ses troupes, la moitié de sa marine, et tout l'argent dont il a dépouillé la Suisse et l'Italie. Le succès même, fût il complet, ne justifirait pas une pareille folie. Cette conquête même deviendrait, certainement fatale à la France ; car pendant que *Buonaparte* conquerait l'Inde, l'Angleterre serait forcée dans son désespoir de faire une guerre offensive terrible, peut être même sur le continent Français. Les autres nations Européenes et les Américains, prévenus du sort qui les attend de la part d'un gouvernement qui les outrage et les menace tous, recommenceraient la guerre. Les peuples vaincus, fraternisés, démocratisés, tyrannisés, profiteraient de l'occasion pour tâcher de chasser leurs oppresseurs.

La France était, il y a un an, dans la situation la plus brillante et la plus heureuse quant à ses affaires extérieures. Le Directoire pouvait donner la paix à l'Europe et la tranquilité à sa patrie. Une révolution arrivée entre ses membres a envoyé périr à Cayenne les seuls hommes qui voulaient la paix et l'ordre. La législature a été changée, et composée des créatures de la nouvelle *Pentarchie*, qui a de nouveau soulevé toute l'Europe par sa mauvaise foi, son orgueil et sa rapacité. Le Globe est de nouveau en feu, et la France est peut être sur le penchant de sa ruine.

Venons àprésent à l'examen de la conduite intérieure du Directoire Français : voyons si son administration civile répare les sanglantes erreurs de sa politique extérieure.

Le désordre des Finances est à son comble, à cet égard la France joue de son reste. Tous les moyens fiscaux les plus révoltants sont ou proposés, ou renouvellés sous des formes déguisées. L'imposition mobiliaire et celle d'industrie sont arbitaires, se lévent inégalement; le citoyen protégé se fait dispenser, celui qui ne l'est pas se plaint, et ne paye pas. Le droit de Patente est un privilége, qui remplace les Corps de métiers. Dans plusieurs départements on est obligé d'employer la contrainte militaire pour percevoir l'imposition foncière dont le propriétaire élude le payement tant qu'il peut.

Le ministre des Finances, dans un long raport du mois d'Aoust, se plaint au Directoire de l'inéfficacité de ses ordres, et lui annonce que la contribution directe pour l'année V. n'a encore été remplie que par huit départements, que les autres en doivent encore quarante neuf millions: que sur la contribution foncière de l'année V. Il reste dû trente cinq millions: sur la capitation de l'année V cinquante trois millions: sur la contribution foncière de l'année VI cent quatre vingt onze millions etc.

Ce n'est que par des anticipations sur les impositions de l'année future, ou l'an VII, qu'on peut couvrir en partie ce déficit. Les 616 millions d'impositions sont mal calculés. On convient qu'il y a eu exagération d'un quart sur l'impôt du timbre, celui de l'industrie, la capitation, la ferme des postes, et même les lotteries. On ne voit que désordre, faux calcul, injustice, dans toutes les parties de la perception.

Si d'un côté on exagère la recette, de l'autre on diminue mensongèrement la depense. Le Directoire tient seul le fil de ce Labirinthe. Aucun compte n'est demandé par les législateurs, n'est rendu à la nation par un pouvoir exécutif plus arbitraire que le Roi le plus despotique. Tout l'argent de l'Italie, de la Suisse, d'une partie de l'Allemagne, de la Hollande, a passé, ou par les mains du Directoire, ou par les griffes de ses commissaires et de leurs associés. Sans parler de la consommation énorme des denrées de toute espéce, des meubles, des bijoux, qui cependant devraient être portés enligne de compte, le numéraire seul aurait du suffire à l'entretien de la guerre, et une grande partie aurait du se reverser en

France. Depuis quatre ans que les Français sont victorieux partout ils auraient du rapporter plus de numéraire qu'il n'en est sorti. Ils ont enlevé à l'Europe sept à huit cent millions par an, dont le Directoire ne pourrait pas rendu compte — et on ôse prétendre que 616 millions suffisent pour une année! et le calculateur *Lacué* ose avancer, en plein sénat, au mois d'Aoust que les fonds sout faits pour la campagne prochaine, et que toute l'Europe doit trembler!

Peuple français, si vos représentants n'abusent pas de votre crédulité, si 616 millions suffisent à toutes vos dépenses, si vous avez en outre les fonds faits pour la campagne prochaine, exercez votre souveraineté dans le seul cas où elle n'est pas nuisible; ordonnez à votre Directoire de faire une paix raisonable, de ne plus vexer les peuples voisins, par un brigandage qui vous déshonore, et d'employer les fonds destinés à continuer une guerre injuste et dangereuse, à payer les rentiers qui meurent de faim, les juges dont vous avez besoin pour vos transaction sociales, les administrations, les hopitaux, les pensionaires de l'état, les soldats vétérans, ou mutilés, leurs veuves et leurs enfans, les instituts pour l'éducation dont votre jeunesse est privée. . .

Mais, non, vous ne régagnerez pas, sous un pareil régime, les avantages dont tous jouissiez autrefois. Votre Directoire a besoin de la guerre. Un nouvel Ordre, qui s'en formé dans l'état a besoin de la guerre; c'est celui des entrepreneurs, fournisseurs, agioteurs, croupiers, marchands de terre etc. c'est toute cette classe méprisable, soutenue par votre gouvernement, qu'elle soutient à son tour, qui prolonge vos calamités, et s'engraisse de votre sang.

De tems en tems quelques Orateurs, dans les deux conseils, ont la hardiesse de proposer des mesures coercitives contre les entrepreneurs et autres fripons, qui absorbent les revenus publics. On essaye par de faibles décrêts à arrèter leur connivence avec les chefs de l'administration; mais ces mesures sont trop vagues, les administrateurs qu'on substitue à ceux qui se sont engraissés, sans être jamais punis, suivent leur exemple, le Gouvernement les protége, les craint, ou en a besoin, et la déprédation continue. Le peuple hébêté, ou consterné, connait les voleurs, admire leur luxe, et cherche à profiter de leurs folles dépenses.

Tout répugne au peuple dans les innovations mal digérées qu'on veut lui faire adopter par la violence, combien de décrêts inutiles pour abolir l'appellation de *Monsieur*, et y substituer le titre si souvent déplacé de citoyen? Combien d'éfforts superflus pour introduire l'usage des nouveaux poids et mesures, qui sous des dénominations renouvellées des Grecs, ne présentent que des problêmes géométriques, qui démanderaient à être résolus par un concours des sçavants de toute l'Europe, avant d'être adoptés?

Combien de décrets pour l'entière abolition du calendrier chretien, et l'observation du decadi? c'est après avoir, ou aboli, ou couvert de mépris tous les cultes, après leur avoir substitué des abstractions métaphisiques, que les législateurs Français, au mois de Juillet, se sont formés en *Concile*, pour décider cette question religieuse. De quel droit les Conseils et le Directoire prétendent ils employer la violence pour changer le jour de repos des Juifs, celui des Chretiens? comment ôse t'on persécuter l'homme à qui on a ôté toute obligation religieuse, pour l'empècher, le decadi de gâgner sa vie par son travail? De quelle religion est ce décadi? Depuis quand le Directoire est il revêtu de l'autorité théocratique? Croit on pouvoir effacer l'opinion publique par une loi? Croit on pouvoir soutenir une loi contre l'opinion publique, et changer, en un clin-d'oeil, les usages de toute une nation par un simple décret? Cet abus de fabriquer des loix ne les rend il pas méprisables?

La Jeunesse est dégoutée d'aller périr loin de sa patrie pour une guerre qui ne se continue ni pour la liberté, ni pour la patrie, et dont on ne prévoit pas la fin. Elle échape tant qu'elle peut aux réquisitions, et pour dernière ressource contre cette répugnance, très naturelle, on prend le parti le 18 et 19 Août de décréter le projet de la Conscription militaire, proposé par le général *Jourdan*, projet juste en lui même, car réellement tout Citoyen doit le Service militaire à sa patrie, lorsque *l'état est en danger*.

Mais n'est ce pas abuser de ce principe que de sacrifier les troupes à des expéditions folles, qui ne peuvent que perpétuer la guerre, et la rendre universelle? Peut on dire que *l'état est en danger,* par ce qu'on à envoyé une flotte et quarante mille hommes en Egypte, par ce qu'on tient des armées à la droite du Rhin, en Hollande, en Suisse, en Italie, à Corfou, à Malte? chaque nouveau projet de conquête est un crime contre le principe qui sert de base au décret de la conscription militaire.

Certainement chaque citoyen est obligé de défendre *sa Patrie*, mais cette extention de territoire, dont la possession est précaire, n'est point *la Patrie*. La Hollande, la Suisse, l'Italie, sont encore moins *la Patrie*. Les législateurs français n'ont pas le droit de vendre aux Républiques étrangères le citoyen français, qu'ils arrachent à sa famille, à l'agriculture, au commerce, à la population, et de le priver de ses droits politiques, par ce qu'il refuse d'aller être le stipendiaire des étrangers.

Dans ce fatras de décrêts déraisonables, qui se détruisent mutuellement, et qui ne font loi que pour quelques instants, on confond tout, on abuse de tout. La nation sent le mal, gémit de l'oppression, et la supporte par stupeur. La crainte du retour du terrorisme a répandu la terreur. On se distrait par des niaiseries, en ne s'occupant point des affaires publiques, en oubliant *la Patrie*, dans le tems où elle demande des soldats, des véngeurs, non contre les Egyptiens, les Indiens, les Italiens, les Suisses, les Allemands, les Anglais, qui ne sont que des ennemis externes, avec les quels il est toujours facile de s'arranger, mais contre ses tyrans, contre ses ennemis intérieurs, qu'il faut détruire, ou se perdre.

Le peuple français est un fantôme terrible, qui effraye justement les nations étrangères; fort contre les autres, il n'a cependant point une existence propre. On lui dit qu'il a fait une constitution, il en existe une écrite, mais elle n'a force de loi que pour lui, et contre lui. Les législateurs qui l'ont fabriquée, le Directoire qui ne régne que par elle, la méprisent, et l'enfreignent éffrontément dès que le choc des Factions en rend une victorieuse.

Si un citoyen ôse parler ou écrire contre ces infractions, il est accablé des reproches d'aristocratie, ou de Royalisme; une Cour martiale le soustrait à la discussion judiciaire, il est déporté, ou fusillé. Si une communauté, ou une ville, réclame la Constitution, le Directoire la déclare en état de siége, les loix sont suspendues, et tous les habitans tremblent sous le glaive de la loi Martiale. Tous les français, a commencer par les deux conseils, sont entre les mains d'une terrible *Pentarchie* qui les fait trembler; leur propriété, leur liberté, leur vie, tout lui appartient.

Les peuples, qui ont eu le malheur d'être démocratisés par leurs généraux et leurs commissaires, ne sont pas surs un moment de l'existence politique embrouillée qu'ils ont reçue: elle dépend de la versatilité des idées de cette *Pentarchie*. Le gouvernement Batave vient d'être bouleversé deux fois en six mois. Quatre ou cinq voyageurs français s'assemblent à Milan chez le ministre de France, et la République Cisalpine n'est plus sûre de sa Constitution, — pas même de son existence. Les départements de la chancelante République Romaine se mettent en insurrection, aussitôt son Directoire Consulaire est suspendu de ses fonctions, et le Général français devient le pouvoir exécutif des Romains. Toutes, ces fluctuations tiennent aux négociations contradictoires du Directoire pour sa paix avec l'Autriche: elles indiquent peut-être l'anéantissement de ces Républiques éphémères, aux quelles le Directoire n'aura fait connaître le bien, ou le mal, de la liberté démocratique que pour les asservir, comme Venise, à un souverain étranger. En attendant, les rapines, les contributions, les confiscations prises sur les propriétés de ces peuples ou vaincus, ou *amis*, voyagent au travers de l'Europe sans profit pour la France. L'argent volé dans les trésors du peuple Suisse sert à couvrir en partie la dépense de la téméraire expédition de *Buonaparte*, et va s'engloutir dans les mers du Levant, avec le trésor de l'ordre de Malte. Le pillage de Rome fournit momentanément la solde d'une partie de l'armée d'Italie, qui va périr en Egypte.

Toutes les ressources de l'état sont déplacées, diminuées, épuisées. Les Instituts d'éducation, les hopitaux sont abandonnés faute de moyens de les payer. Les pensions, les rentes, les offices de judicatures, les emplois administratifs ne sont point soldés, et laissent les citoyens sans éducation, sans secours contre la misère, et la maladie, sans justice, sans administration.

Les 616 Millions, s'ils étaient réellement perçus, suffiraient à peine pour payer la moitié de la dépense annuelle. Le Directoire manquant de moyens suffisants et encore plus d'économie, se trouve par la disproportion excessive de sa recette à sa dépense, à la discrétion des avides entrepreneurs. Revenus, dépenses, tout est engagé, aliéné, vendu, brocanté, anticipé.

Ce vice presqu'incurable d'administration tient à l'immoralité, et la perpétue. Le français ressemble à l'équipage d'un vaisseau, qui le pille au moment du naufrage. Cette immoralité se reconnait dans le choix des agents du Directoire, soit en pays étranger, soit dans l'intérieur. Si un membre des Conseils a fait ombrage au gouvernement par son inflexible exagération, on manoeuvre pour empêcher qu'il ne soit réélu, mais en même tems on l'envoie en ambassade, pour employer sa turbulence en pays étranger.

L'écrivain le plus téméraire peut attaquer le ciel et la terre; pourvu qu'il n'attaque point le gouvernement, il est ou protégé, ou toléré. C'est à cette complaisance, pour l'immoralité, dont les poisons mélangés sont adroitement manipulés par le Directoire pour son propre soutien, qu'on doit la production des Romans les plus infâmes, tels que *Justine*, les sermons publics d'athéisme de *Jacques Dupont*, les pamphlets, les calomnies, les délations, les railleries les plus outrées sur tout ce que les hommes de tous les siécles ont regardé comme sacré. Tout s'imprime, tout est permis.

Les crimes les plus atroces dont les journaux sont pleins sont impunis, publiés, quelque fois tournés en plaisanterie. La nudité en fait de vêtemens, le cinisme en conduite et en propos, le luxe mêlé à la grossièreté, des spectacles licentieux et sans génie, des promenades où l'indécence le dispute à l'ennui. Tels sont les passe-tems du français; il est continuellement entraîné par ses passions que tout irrite, tout détériore.

On ne connait plus en France d'autre vertu que le courage soldatesque, d'autre mérite que l'obéissance aveugle au Directoire. On parle toujours de patriotisme, d'égalité de fraternité, de liberté: personne ne considère la patrie, elle est morcelée en factions qui ne laissent de jeu qu'à l'intérêt personnel. L'égalité existe encore moins, les richesses sont trop inégalement distribuées: le dégré de faveur ou de disgrace où chaque Individu se trouve auprès des cinq Directeurs, des ministres, ou de leurs créatures met une distance infinie entre les Citoyens. La fraternité est un mot vide de sens dans une société aussi étendue, aussi bigarrée, aussi divisée en factions, qui toutes se détestent. Quant à la liberté, elle n'est ni générale ni individuelle sur toute la surface de la République; Les loix sont trop faibles pour la protéger, et servent abusivement à l'opprimer sous le prétexte du bien public.

Il n'y a de liberté en France que pour les scélérats hardis, ou pour les fripons adroits. Nul citoyen ne peut sauver, ou cacher son ami, son parent, son père même, ni le défendre, s'il est accusé du crime irrémissible d'émigration, d'aristocratie, de Royalisme, ou de zèle religieux. Le Catholicisme, surtout, est persécuté, ou tourné en dérision. Il semble qu'on ne puisse pas être Républicain, sans être *esprit fort.*

Rien n'est certainement moins philosophique que l'acharnement des nouveaux philosophes contre tous les cultes divers. Toutes les Religions connues sont fondées sur des bases morales, envelopées d'emblêmes, qui ont paru nécessaires pour rendre la morale sensible aux peuples, qui ne peuvent être ni convaincus, ni conduits par des abstractions métaphisiques. Tout homme qui considère le but moral de chaque religion, trouve tous les cultes respectables, et ne se permet à leur égard ni intolérance ni mépris. On peut desirer la réformation des cultes dans les institutions qui contrastent trop avec les devoirs sociaux, ou dans les signes extérieurs qui défigurent le point moral dont ils sont l'emblème. C'est un travail raisonné qui ne conviendrait qu'à des sages, mais les sages ne sont pas audacieux.

Il n'y a que des Insensés, comme *Roberspierre* et ses adhérents, qui ayent pu, au bout d'un si long période d'existence du monde, et à la fin d'un siécle, qu'on dit le plus éclairé, décréter, pour le peuple français, l'existence d'un *Etre suprême*. Cette manière de *déporter Jesus Christ* a fait fortune. Mais il était réservé à *la Réveillere Lepaux* de tenter de le remplacer, en devenant lui même chef d'une religion Théophilantropique, de la quelle on a entierèment banni *l'homme dieu*, en lui volant sa morale. Cette nouvelle religion a aussi ses emblèmes et son culte : au lieu de statues et d'images, elle présente à l'adoration un nom en quatre lettres. (Θεος) *Jacques Dupont* prêche aussi une religion, l'Athéisme. Ces deux fondateurs se raprochent plus qu'on ne croit : tous les deux veulent la morale, sans soutien. Ils pourraient prêcher alternativement dans le temple de la raison, et se reposer de leurs travaux apostoliques, dans les bras de la Déesse.

Si *Roberspierre*, la *Reveilliere* et *Jacques Dupont* étaient restés dans l'obscurité d'où ils ne devaient jamais sortir, pour le bien de l'humanité, on les aurait châtiés et oubliés; mais la plus terrible révolution en a placés deux sur le trône, le troisième sur les trétaux du Charlatanisme, ce qui revient au même, et la France est sans religion, et sans morale, mais elle a des fêtes payennes, dont la moitié du peuple rit, l'autre moitié gémit. Tels sont les excès aux quels conduit une nation l'abus des mots, et la fausse philosophie, qui détruit tout, et ne remplace rien!

Les religion, les loix, les moeurs ont été chassés à la fois, et reviendront ensemble. Tous les vices, toutes les calamités d'une nation tiennent à son gouvernement, et en dérivent. Celui qui régit la France, sa représentation nationale sont vicieux. L'un ne se soutient que par la violence, la corruption, les délations, et la bascule des factions, que les *Pentarques* élèvent et abaissent, tour à tour, selon leur intérêt du moment. L'autre est mal composée, les élections sont illégales, et contraintes; pour s'en convaincre, il n'y a qu'à lire le message du Directoire et les débâts sur le nouveau remplacement des deux Conseils.

Si tous ces symptômes d'anarchie n'agissaient que sur la France, on la plaindrait, en avouant qu'il n'y a que demi-mal; mais ils menacent tout l'univers, et les gouvernements ne peuvent pas faire trop d'éfforts réunis pour les détruire.

Le but principal de la France semblait être le grand projet de la descente en Angleterre; Le Directoire avait tendu vers ce projet tous les ressorts de l'opinion publique, il l'avait persuadé et fait desirer à la Nation entière, il avait fait des préparatifs immentes et très couteux; il avait accepté les dons gratuits du peuple sous ce prétexte; il y avait destiné l'élite des troupes et le général le plus célèbre; il en avait pris l'engagement devant toute l'Europe. Tout d'un coup il démembre cette expédition, il en éloigne le célébre général, tous les adjoints de sa gloire, et une partie des troupes les plus aguerries; il enléve à cette destination la moitié de ses forces navales, il dégarnit les côtes de la Manche pour aller opprimer les Suisses, menacer l'Allemagne, et dicter à l'Empire une paix trop onéreuse pour être durable.

Il double en même tems la dépense de son armement, et c'est pour aller se jetter sur le Levant, y semer le reste du numéraire de la France, et sacrifier l'élite des braves troupes françaises au plus téméraire de tous les projets, à celui qui doit prolonger la guerre la plus couteuse en hommes et en argent. C'est ainsi qu'il abuse de la crédulité de la nation, qu'il épuise ses ressources, pendant qu'il la berce de fêtes puériles, où il étale devant l'ignorance, les Chefs d'oeuvre de l'art enlevés à l'Italie, dont la trop grande multiplicité diminue le mérite, surtout dans ce frivole Paris, ce gouffre de faux plaisirs, et d'immoralités, où peut-être ces chefs d'oeuvre seront un jour anéantis par les mains barbares, qui sous *Robespierre* avaient déclaré la guerre aux sciences et aux arts, et qui sont toujours prêtes à renouveller les mêmes excès.

Qu'on ouvre les yeux sur la conduite politique et militaire du Directoire. Bien loin de préparer la paix et le bonheur des peuples, chacune de ses démarches est une pierre d'attente pour une nouvelle guerre et de nouveaux désordres.

La possession de Corfou prépare la révolution de la Turquie: celle de Malte conduit à des expéditions en Orient: Mantoue tient sous le joug le Nord de l'Italie: Une armée à Rome prépare la révolution de l'Italie Méridionale: La garnison de la citadelle de Turin annonce la chûte de la monarchie Sarde, qui retrace l'idée de la fable du loup et de l'agneau: la démocratisation de la Suisse prépare celle de la Souabe et de la Franconie: les têtes de pont du Rhin et du Mein, la démolition d'Ehrenbreitstein, ouvrent le centre de l'Empire, à une attaque qu'on recommencera quand on voudra.

Comme la partie Septentrionale de l'Allemagne parait abritée par une neutralité armée, on y prépare la désorganisation par des Clubs agitateurs. La Hollande est tenue dans une fluctuation anarchique qui la rend nulle. Les Puissances du nord sont vexées, par une piraterie passée en loi, et appuyée sur des décrets rendus à la suggestion du Directoire. L'Espagne et le Portugal sont minés révolutionnairement. Les Etats unis de l'Amérique sont dépouillés de leurs propriétés, et menacés de la guerre s'ils ne payent pas une contribution déguisée sous le nom d'emprunt. L'Irlande est agitée par les furies, trahie et abandonnée par ses agitateurs, et sauvée par sa propre faiblesse. L'Angleterre seule, l'unique ennemi qui existe encore de cette coalition des Rois, n'est point attaquée directement, par ce que ce combat corps à corps déciderait trop vîte la paix universelle.

Tel est le tableau, trop vrai, de la conduite politique et militaire du Directoire; tel est l'abus de ses triomphes; telle est la progression de ses plans. Il ne peut pas prévoir lui même jusqu'où il sera entraîné. Il lui suffit qu'en marchant de projets en projets il se soutienne, qu'il écarte les hommes trop marquants, qu'il éloigne la nation de ses véritables intérets, qu'il l'égare et l'éblouisse, en lui présentant des triomphes et des déprédations.

Mais au premier revers, les yeux se désilleront. On lui demandera compte alors des trésors volés et dissipés, des armées sacrifiées, des escadres mal employées, du projet de descente en Angleterre, présenté à la nation comme le gage de la paix, et abandonné pour courir après des conquêtes faciles et injustes, ou des projets chimériques. On lui demandera compte de l'épuisement des finances, du commerce, de la population et des ressources en tout genre de la plus belle contrée de l'Europe. On lui demandera compte de la démoralisation générale.

Alors on reconnaitra que tout l'édifice de ce gouvernement démocratique est fondé sur un terrein mouvant, miné par les vices, la violence, le luxe, la misère, l'injustice, la cruauté, la discorde : il existe si peu de confiance entre les gouvernants et les gouvernés que ceux-ci craignent toujours le faible Royalisme, que la mort est le seul refuge contre la tyrannie, pour les ames fortes, qui sans épouser aucune faction, ôsent montrer leur indignation à la vue d'un pareil gouvernement: Au reste ce cahos ne peut pas durer. Le peuple est encore plus las qu'apatique. La cruauté de la *Pentarchie* contre les malheureux émigrés, que le désespoir fait rentrer, à tous risques, dans leur patrie, est une preuve de sa terreur. Elle est juste, cette terreur. La désorganisation que le gouvernement a répandue, l'abus des bayonnetes, la corruption des subordonnés seront un jour les moyens de sa perte. L'opinion publique se redressera, une nouvelle révolution éclatera.

On peut regarder comme une prophétie sur le sort futur de la France le passage suivant de *Montesquieu*, qui connaissait mieux les gouvernements, et les causes de leur grandeur et de leur décadence que le Paradoxal J. J. *Rousseau*.

T. . L. III. ch. 3. » Ce fut un assez beau » spectacle dans la Siécle passé de voir

» les éfforts impuissants des Anglais
» pour établir, chez eux, la Démocra-
» tie. Comme ceux qui avaient part
» aux affaries n'avaient point de vertu,
» que leur ambition était irritée par le
» succès de celui qui avait le plus ôsé,
» que l'esprit de faction n'était réprimé
» que par celui d'une autre, le Gou-
» vernement changeait sans cesse; le
» Peuple étonné cherchait la Démocra-
» tie, et ne là trouvait nulle part. En-
» fin, après bien des mouvements, des
» chocs et des secousses, il fallùt se re-
» poser dans le gouvernement même
» qu'on avait proscrit.

Cette nouvelle révolution arrivera rapidement dès que le vent de l'infortune soufflera sur *l'arbre de la liberté.* Il est à souhaiser qu'elle ne produise pas un bouleversement, comme le craignent les honnêtes gens, (crainte qui les enchaîne) et qu'elle ne fasse répandre de sang que par le glaive de la loi. Au reste le moment de la providence approche, la conduite imprudente du Directoire le précipite.

Cette nouvelle secousse est irremédiable. Elle aura lieu lors que ce mot terrible, ce mot proscrit, le Reveil du Peuple, aura acquis une effrayante réalité ; lorsque le vrai peuple, celui des Provinces, se sentira épuisé par des impôts et des réquisitions, pour enrichir et faire briller momentanément des êtres méprisables, plongés dans le luxe et les fausses voluptés d'une Capitale corrompue, où l'insouciance, la sottise, la dépravation des moeurs retiennent, enchaînent, éblouissent, pervertissent toute la nation ; lorsque ce Peuple se verra énervé par des guerres perpétuelles, aussi folles qu'injustes, qui moissonent loin de la patrie, dans des climats meurtriers, la fleur de sa jeunesse ; c'est lorsque la réflexion pourra percer ce brouillard d'ivresse, condensé par les succès, qui accompagne la témérité des projets incendiaires, qui attaquent la sureté et la liberté de toute l'Europe ; lorsqu'enfin ce peuple sera convaincu que la politique de son gouvernement lui attire la haîne de tous les peuples, même de ceux qu'on lui présente comme ses alliés, tels que les Italiens, les Suisses, les habitans de la rive gauche du Rhin, les Bataves, les Belges, qui occuperont constament cent cinquante mille hommes de troupes

Françaises, pour appuyer cet échaffaudage de fraternité démocratique, qui ne se soutient que par la contrainte et la terreur.

Alors le Peuple se levera. Alors les guerriers échapés au fleau d'une guerre perpétuelle, alors ces nombreux généraux et officiers, rejettés, dégradés par l'ingratitude du Directoire, qui multiplie les mécontents par son système favori de changer souvent ses agents pour multiplier ses créatures, et pour diminuer la considération due au mérite et aux services; alors cette armée de vétérans et de mutilés, aux quels le Directoire ne pourra pas payer les récompenses promises; alors cet Essaim de rentiers, mourants de faim à côté de leurs inscriptions sans valeur; alors toutes les classes des citoyens indignées de la continuité des désordres et des calamités, se réuniront, auront honte de leurs apathie. Un chef se présentera, ou par ambition, ou par patriotisme, et les satellises de la *Pentarchie* disparaîtront devant cette masse irritée, comme devant *Augereau* et *Daendels*, mais avec plus de justice et d'unanimité, de la part de ce peuple irrité. Telle sera la catastrophe de cette longue et sanglante tragédie, qui fait gémir l'humanité.

L'état de guerre extérieure suspend seul encore la vengeance publique, en tenant éloignés de leurs foyers les vengeurs. Il suspend la réaction qui accompagnera la rentrée des armées. C'est pour cela que le Directoire fait succéder rapidement une guerre à une autre; c'est pour celà que les chefs les plus habiles et les plus heureux sont jettés au loin, exposés à des dangers multipliés et presqu'insurmontables; c'est pour celà qu'on a été sans aucune raison légitime conquérir Malte, qu'on bouleversera peut être l'Empire Turc, après l'avoir endormi par des ambassades amicales, en y portant en apparence toutes les ressources de l'artde la guerre, pendant que, sous main, on suscite depuis plusieurs années la désorganisation et l'anarchie dans toutes ses parties; pendant qu'on fomente la rébellion de ses pachas, et qu'on organise, sous main, des Républiques Grecques, qu'on se flatte de ressusciter. C'est pour celà qu'on dicte avec arrogance des loix tyranniques de pacification à Rastadt, tandis que par des

Clubs agitateurs on cherche à ébranler la tranquillité du Nord, et qu'on ourdit dans le secret une révolution en Pologne et dans les Etats de la maison d'Autriche, et du Roi de Prusse.

Il est un terme au mal. Tous ces projets s'anéantiront; toutes ces mesures disparaîtront; lorsque le peuple Français se lassera, se réveillera, et n'aura plus les yeux fascinés. C'est alors que le noeud des révolutions sera tranché par le glaive d'une justice vengeresse. C'est alors que les Français reprendront; deux mêmes, la raison, la justice, la réligion, les loix, les moeurs. C'est alors que le Gouvernement sera changé, la constitution améliorée, la France régénérée, et l'Europe tranquille.

Tel est le voeu des vrais français, qui fondent sur la vraie liberté, la justice et la philantropie le bonheur et la gloire de leur Nation!

CONCLUSION.

Ce tableau spéculatif présente un apperçu rapide de la situation politique des quinze peuples, que leurs relations, leurs intérêts, leurs moeurs, leurs rapports commerciaux, constituent en une espéce de corps politique, que *Voltaire* a nommé la grande *république Européenne*. Un seul des membres de cette association réunit contre lui, à cette époque décisive, les voeux et les intérêts des quatorze autres, qu'il effraye par son ambition, son avarice, et sur-tout par sa frénésie désorganisatrice. Malheureusement, il n'existe aucun tribunal pour juger et punir les crimes des nations. La guerre, l'horrible guerre, est l'unique recours des peuples opprimés; et ce n'est qu'en opprimant à leur tour, qu'ils peuvent arrêter les progrès militaires et révolutionnaires du peuple conquérant. On ne peut réellement pas réfléchir sur la crise politique présente, sans faire nécessairement, par philantropie, des voeux contre l'humanité.

La guerre, que la majorité de l'Europe coalisée a faite à la France au commencement de la Révolution, était injuste, impolitique et imprudente. Si les armes des Coalisés avaient réussi à faire remonter sur son trône l'infortuné Louis XVI, c'est lui qui aurait été puni par ses alliés de la rébellion de ses sujets, puisqu'on avait déjà décidé le partage de ses frontières. Dans cette affreuse guerre, tout a été mal calculé, même l'intérêt particulier de chaque puissance. La philosophie, la justice et l'humanité ont fait alors des voeux pour la nation française ; si elle eût succombé, la liberté eût été bannie de la surface du globe ; le despotisme n'eût pas même laissé exister celle de la pensée.

Mais les victoires des Français ont amené un autre excès, peut-être encore plus funeste, auquel il faut nécessairement opposer une digue très-forte, pour ramener l'équilibre de la modération, la seule base solide de l'éxistence sociale. La liberté de penser est devenue une frénésie, qui a dénaturé tous les principes. Usages, moeurs, loix civiles, obligations morales, la religion, la Divinité-même, tout a été confondu par les novateurs, avec les préjugés et les abus, qui mettaient entre les hommes une distance, condamnée par la raison et par la nature. Les Français ont tout renversé : alors les passions n'ont plus eu de frein, et leurs excès ont acquis plus de force par leurs victoires. La vengeance, l'ambition, l'avarice, l'immoralité, ont suivi et souillé, partout, leurs triomphes.

La liberté est le premier bien de la nature, l'égalité est le second. La société modifie ces droits innés, elle les gradue sur une échelle politique, elle les appuye et les réprime par les loix. Le peuple forme le corps social ; il fait, ou fait faire, ses loix ; il est souverain ; mais comme tous ne peuvent pas exercer la souveraineté sur tous, le corps social, la délégue, et c'est ainsi que se forment toutes les institutions politiques, depuis le despotisme jusqu'à la démocratie. Les deux extrêmes de l'ordre social sont également vicieux. Dans le premier, le peuple est trop peu ; dans le second, il est trop.

C'est le pouvoir qui corrompt les hommes ; plus le pouvoir est multiplié, plus il y a d'hommes corrompus. Le despotisme ne présente qu'un tyran; la démocratie en présente un million. Un homme meurt, le peuple ne meurt pas. Un despote se repose, dort, a de bons intervalles, se repent, se corrige. Rien de tout cela ne peut arriver aux démagogues, parce qu'ils changent, et se remplacent trop souvent. L'agitation, qui les a poussés aux premières places, les y assiége, et les en chasse en peu de tems.

La démocratie est-elle le régime de la liberté et de l'égalité? Non, car elle éléve et abaisse trop promptement et trop de gens pour pouvoir conserver un niveau social. Tous les Français conviennent qu'ils sont moins libres qu'ils n'étaient sous la monarchie; tous conviennent que leur gouvernement lui-même n'est pas libre; tous sont persuadés qu'il ne peut pas durer.

Ce sont précisément ces trois opinions passives qui font durer la démocratie, parcequ'elle leur oppose une tyrannie active. Il faut, ou une volonté bien décidée ou une grande catastrophe, pour changer cet état d'anarchie; car c'est ainsi qu'on peut appelier le gouvernement de la multitude. Si une volonté très-décidée n'améne pas un grand acte national, la catastrophe arrivera ; il vaut mieux que ce soit du dedans que du dehors.

La révolution française n'est pas encore finie ; elle ne peut pas l'être tant que le régime démocratique lui imprimera son propre caractère de violence, de fluctuation, de versatilité. Elle sera finie, quand la nation sera bien convaincue, par sa funeste expérience, que l'usage de la souveraineté est impraticable, ou pernicieux pour le peuple ; que sa délégation doit être constitutionnelle, sacrée, irrévocable, tant que le délégué, ou le pouvoir-exécutif, suit les loix constitutionnelles, et les fait suivre ; que la phrase, *l'insurrection est le plus saint des devoirs*, est une maxime abominable, atroce, qui améne et excuse les crimes ; qu'une représententation nationale doit être toujours auprès du pouvoir-exécutif, pour veiller sur le maintien de la constitution, sur la guerre et la paix, sur les impositions, les perceptions et les dépenses, mais particulièrement sur l'exécution des loix civiles, sur la sûreté personnelle et propriétaire, et sur-tout, sur la morale publique ; mais qu'elle ne doit, ni contrarier, ni usurper le pouvoir qui gouverne, ni faire continuellement des loix que leur multiplicité rend méprisables.

C'est tout confondre que de charger le corps-représentatif de la confection des loix. Il est nécessaire de séparer la faculté législative de la représentation nationale. Les meilleures loix ont été faites par un seul législateur, ou par un petit nombre de sages. C'est au Pouvoir-Exécutif, d'après son expérience, à indiquer la nécessité d'une loi; c'est au Corps-représentatif à débattre l'utilité ou les dangers d'une nouvelle loi; c'est à un Corps-législatif, très-peu nombreux, à composer la loi; c'est ensuite au Corps-représentatif à la faire sanctionner par la nation réunie dans ses assemblées primaires. Il en est de même de la révision périodique et des réformes à faire à l'acte constitutionnel, et aux anciens décrets.

Il est prouvé qu'un peuple peut exister longtems et même avec gloire, aisance et prospérité sans constitution, avec simplement un gouvernement. Il vaudrait même mieux vivre sans contitution que sans gouvernement.

Mais lorsqu'à la suite d'une révolution, une grande nation renouvelle son contract social, elle se donne d'abord une constitution. Quelle que soit sa dénomination, il doit être ferme, actif, et respecté. Une constitution sage, sanctionnée par le peuple, est son appui ; les loix sont sa force, le Corps-représentatif est son gardien.

Les Français n'ont qu'un pas à faire pour arriver à ce point de perfection, autant qu'on peut espérer y atteindre dans les institutions humaines. Il ne faut qu'une sage réforme dans leur constitution de 1795 ; elle doit être faite lentement, peu à peu, par un corps-législatif peu nombreux et bien choisi, et surtout dans le calme.

C'est le gouvernement, ou pouvoir-Exécutif, qu'ils doivent établir le plutôt possible, investi d'une grande autorité, soumis aux loix, et supérieur à tout le reste. Il le faut à long terme ; il le faut revêtu de majesté et d'éclat. Tant que le Pouvoir-Exécutif sera tiré du Corps-représentatif, et n'aura pas par lui-même un caractère de supériorité, il manquera de dignité et de force; tant qu'il sera électif, il sera trop au niveau de ceux qu'il doit commander, trop changeant, trop facile à renverser; enfin, tant qu'il sera divisé sur plusieurs têtes; vice qu'on n'avait pas prévu dans la constitution, et qui a été sur le point de causer la guerre civile, la désunion finira par la tyrannie du plus habile, ou du plus audacieux.

La France reconnaîtra que la monarchie constitutionnelle est de tous les gouvernements celui qui rallie le plus la nature à la raison. C'est la plus ancienne, la plus sage, et enfin la plus libre des institutions, pour une nation populeuse, industrieuse et riche. Malheur au Prince, qui s'offenserait de l'offre d'une telle monarchie? Malheur au peuple, qui préférerait à ce gouvernement une démocratie anarchique! Les Français se font à eux-mêmes tous ces raisonnements. Ils en feront l'application, et ils rétabliront, de leur propre mouvement, sur une base solide, la monarchie constitutionnelle, qui sera l'unique ressource pour sortir du cahos dont ils sont dégoutés.

Leur exemple sera utile aux autres peuples et aux Souverains, parce que, de part et d'autre, l'expérience produira un rapprochement entre le droit et le pouvoir, entre les préjugés nécessaires et la sagesse prudente. Les peuples et les princes, pour leur propre bonheur, doivent opposer une forte digue à la démocratie désorganisatrice, que les armées françaises font marcher devant elles.

Qu'ils voyent les Bataves ruinés par la fausse liberté, dont la France leur a fait présent, pour cent - millions de Florins, et pour leurs places - fortes les plus importantes ; l'Italie, dépouillée de ses richesses irréparables, et déchirée par l'anarchie et la guerre civile ; la Suisse désorganisée et chargée de contributions ; les malheureux habitans de la rive gauche du Rhin, arrosant de leurs larmes les rubans tricolores qui les enchaînent à un peuple qu'ils détestent, et qui les arrachent à leur patrie, à leurs usages, à leurs moeurs, à leur réligion, à leurs principes. Voilà les fruits de l'agitation démocratique; voilà les excès où elle entraîne une nation jadis généreuse!

C'est un mur d'airain qu'il faut opposer à ce torrent. C'est avec les armes qu'il faut repousser la honte et les malheurs dont les français menacent l'Europe. Si la paix se fait à Rastadt d'après les bases si impérieusement dictées par le Directoire français, l'Europe est perdue. Il faut donc que toutes les nations de l'Europe se coalisent de nouveau, non pas pour conquérir, mais pour forcer la France à se remettre dans ses principes constitutionnels.

Cette coalition doit être composée des peuples qui sont encore libres contre celui qui les persécute et les menace tous. L'Espagne, l'Italie, la Hollande et la Suisse sont enchaînées à leur vainqueur. La Turquie est nulle. Il faut opposer à la France une ligue offensive et défensive entre la Prusse, l'Autriche, l'Empire, la Russie, la Suéde, le Dannemark, et l'Amérique, y faire accéder, si l'on peut, le Roi de Naples, la Suisse, et la Turquie.

Il faut que cette ligue annulle tout ce qui a été traité à Rastadt; qu'elle s'oppose absolument à la descente en Angleterre, par une interposition précise, ou par la guerre, si cela est nécessaire; qu'elle impose aux Puissances belligérantes un armistice rigoureux, et y force, par ses armes, celle qui s'y refusera.

Il faut alors que le Congrès de Rastadt cesse d'être un conventicule méprisable, où les membres du Corps-Germanique sont prêts à signer l'opprobre national et la destruction de l'Empire; qu'il soit transporté dans une ville plus à l'abri des insultes des Français; qu'il devienne le Congrès de l'univers entier; qu'on y débatte, avec franchise et bonne foi, les intérêts des quinze peuples présentés dans ce tableau spéculatif; qu'on y assure leur existence politique sur des bases justes et fermes, et qu'il en résulte la paix universelle.

Quant au peuple français, il est en ce moment maître absolu de son sort et de celui de l'univers. Il peut se couvrir de la gloire la plus noble, et mériter la reconnaissance et l'admiration de tous les peuples. Il peut aussi combler les malheurs de l'univers, et entraîner sa propre ruine, en s'obstinant à conquérir, ou révolutionner. De son choix dépend la destinée du monde entier.

Depuis le mois de Février la conduite du Directoire français, la publicité de ses projets de conquête et de désorganisation, la témérité de ses plans, surtout de celui au quel il a sacrifié le général *Buonaparte*, ont changé la position de la France. Elle n'est plus maîtresse de son sort, à moins qu'elle ne change de Gouvernement; elle ne peut plus donner la paix à l'Europe, à moins qu'elle ne recule plus qu'elle n'a avancé, pendant les six mois que ses *Pentarques* ont employés à pousser tous les peuples à l'extrémité.

L'Intérêt particulier, mal entendu, de quelques souverains peut suspendre la guerre générale, mais rien ne peut l'empêcher. La paix de Rastadt, si elle a lieu, signée sous les bayonettes du général *Joubert*, ne peut lier personne, pas même les souverains qui en auront profité pour dépouiller, ou anéantir, des puissances plus faibles. Ils auront rempli le but du Directoire français et des démocrates, en désorganisant un corps antique, qui formait le seul point national entre les Allemands; ils auront irremédiablement rompu les liens qui tenaient ensemble cette grande contrée, liens qu'il eût fallu chercher à resserrer, à raffermir, pour pouvoir opposer une nation belliquese à une nation conquérante. Mais ils se seront réellement affaiblis par cette extention de territoire qui les aura s'éduits. La division sera plus forte que jamais entr'éux. Toutes leurs frontières abandonnées, faibles et ouvertes les mettront l'un après l'autre à la merci des démocrates français.

Le traité d'alliance, offensif et défensif, de la Suisse avec la France ajoute encore au danger de l'Allemagne. A la vérité ce traité n'est encore qu'illusoire. Cette union purement démocratique, fondée sur l'audace, l'irreligion, l'immoralité et l'anarchie n'est pas encore consolidée. La plu-part des Suisses conservent encore de la vertu et de la simplicité de moeurs; ils ne peuvent oublier ni leur sang répandu, ni leurs temples, leurs trésors, leurs arcenaux dépouillés par les prétendus bienfaiteurs qui les tiennent encore sous le joug de la contrainte militaire.

Cette alliance n'existe réellement qu'entre les faibles représentans d'Arau et le Directoire français; mais elle n'oblige les peuples Suisses, aimant leur patrie et leur liberté, qu'autant de tems qu'ils seront les plus faibles. Ce traité enchaîne les Suisses, pieds et poings liés, autour du piédestal de l'Hercule français.

Pour qu'il fût valable pour la Nation Suisse, il eût fallu la traiter avec égalité, retirer les troupes françaises, rendre l'artillerie, les armes, les dépouilles des Eglises, les trésors des Cantons. Il y a de la dérision à soutenir que le trésor de Berne, par exemple, appartenait à son Olygarchie; c'est comme si l'on disait que le trésor national appartient aux cinq Directeurs qui gouvernent la France.

Le Directoire a déjà employé un autre argument moins *fardé*, il a dit qu'il a vaincu les Suisses, et que tout lui appartient, par droit de conquête. Mais par quel droit les a t'il attaqués? Ils étaient restés neutres, malgré les motifs les plus forts et les plus légitimes de se joindre aux puissances qui faisaient la guerre à la France. Et c'est la France qui les punit de cette neutralité.

Si des brigands surprenaient un village, enlevaient tout cè qui apartient aux habitans, après en avoir massacré une partie, et leur proposaient ensuite, le poignard sur la gorge, de faire avec eux un acte de société pour aller voler ensemble d'autres habitans paisibles; Cet acte serait il obligatoire, par ce que les Maire et Echevins de ce village, ou gagnés par les brigands, ou éffrayés par leurs menaces, l'auraient signé? Ce qui se passe en Suisse n'est ni plus noble ni plus juste. Ce traité d'alliance déshonore également et les conquérants et les vaincus; ceux ci continuent à vivre sous le joug et dans la misère. Il ne leur reste que la faculté de verser des larmes sur les braves citoyens qui se sont sacrifiés, et sont morts en défendant la Patrie. Ils auraient encore cependant l'espoir de les venger, et de reprendre leur liberté, si la continuation de la guerre pouvait leur procurer des armes et des Alliés.

Si la paix se fait à Rastadt, les Suisses seront absolument sans ressource. Le traité d'alliance acquerra une consistence funeste pour l'Allemagne, qui a vu leurs malheurs avec indifférence, et n'a pas daigné les secourir. Pauvres, sans espoir de reconquérir leur noble et antique existence, devenus brigands, par communication et par nécessité, ils deviendront, sous l'étendard d'une démocratie éffrenée, les plus cruels ennemis des souverains, qui auront signé cette paix honteuse, sans prévoir son peu de durée, et leur ruine subséquente.

Quos perdere vult, Jupiter dementat!

Il résulte nécessairement de l'enchaînement des circonstances que le sort de l'Europe est soumis, plus qui jamais, aux hazards de la guerre, qui améneront une décision arrangée par les decrets inconnus de la providence, qui ont dérouté les sages et électrisé les foux, pour produire des résultats inattendus, mais conformes à l'ordre général, que les faibles humains ne peuvent jamais comprendre.

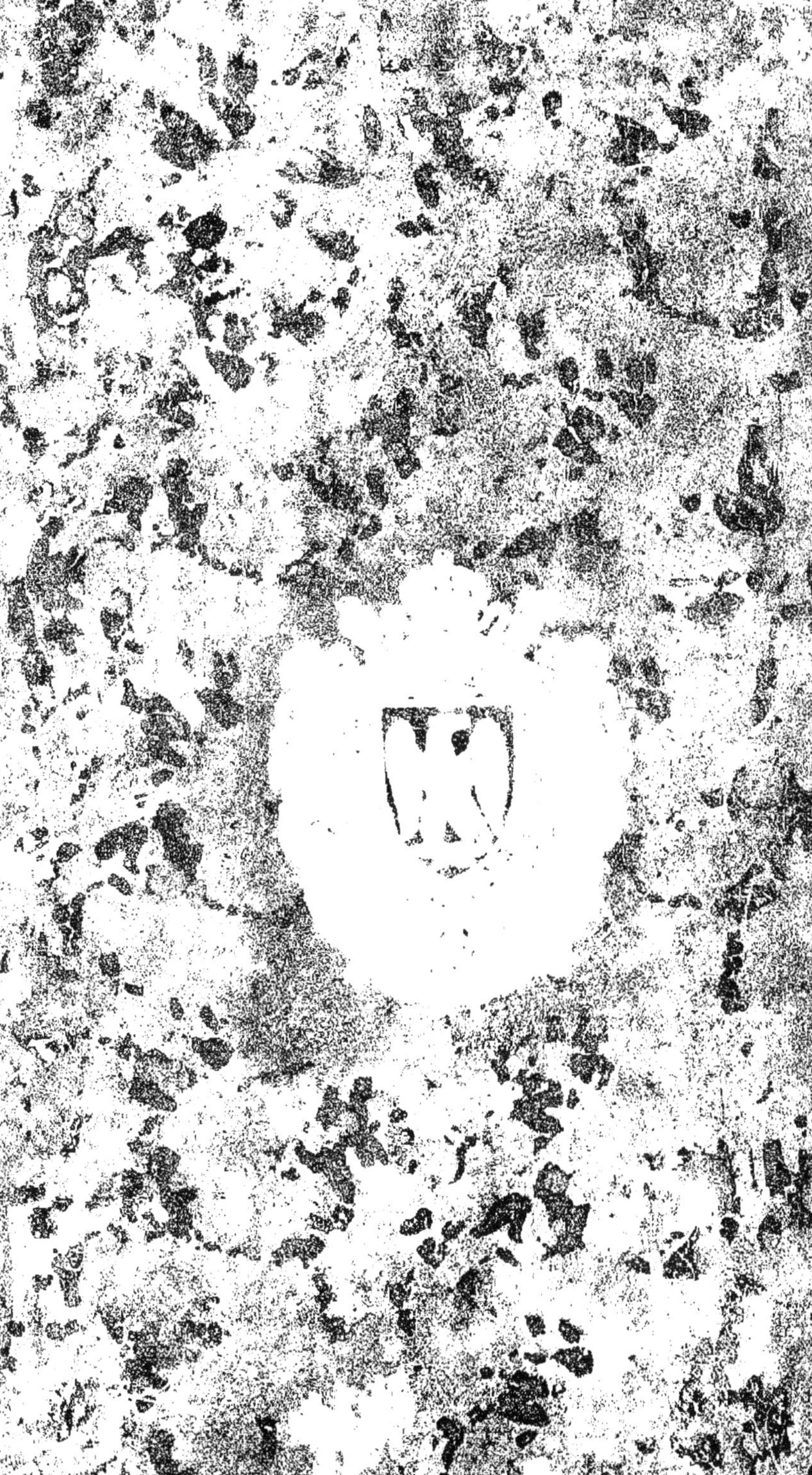

www.ingramcontent.com/pod-product-compliance
Ingram Content Group UK Ltd.
Pitfield, Milton Keynes, MK11 3LW, UK
UKHW020301230726
13925UKWH00001B/163

9 782013 537155